Buen administrador
de la multiforme gracia de Dios.

(*1P* 4,10)

CONGREGACIÓN
PARA LOS INSTITUTOS DE VIDA CONSAGRADA
Y LAS SOCIEDADES DE VIDA APOSTÓLICA

ECONOMÍA AL SERVICIO DEL CARISMA Y DE LA MISIÓN

Boni dispensatores multiformis gratiae Dei
(*1 P* 4, 10)

ORIENTACIONES

Primera edición *marzo 2018*
Primera reimpresión *marzo 2018*
Edición Print on demand *2021*

En portada
Marko I. Rupnik, *La pesca milagrosa, mosaico*
Capilla de la conferencia episcopal española
Madrid (España)

Libreria Editrice Vaticana
00120 Città del Vaticano

Tel. +39 06.698.45780
E-mail: commerciale.lev@spc.va

www.libreriaeditricevaticana.va
www.vatican.va

ISBN 978-88-266-0490-9

INTRODUCCIÓN

1. *Cada uno, como buen administrador de la multiforme gracia de Dios, ponga al servicio de los demás el carisma que haya recibido* (*1P* 4,10).

La *Primera Carta de Pedro* hace alusión a las adversidades que las comunidades cristianas de la diáspora romana estaban viviendo hacia el final del siglo I: un tiempo de prueba fuerte para la Iglesia, que recibe un escrito de alto valor teológico. El texto se dirige a los cristianos procedentes del paganismo, a los *elegidos que residen en la dispersión de Ponto, Galacia, Capadocia, Asia, Bitinia* (1,1). Pedro quiere animarlos a que *se mantengan firmes en la gracia de Dios* (5,12) y los exhorta a perseverar con paciencia y a seguir haciendo el bien (1,13; 4,19; 5,7-8) ante las pruebas y las dificultades.

El capítulo 4, en especial, se articula en tres imágenes. La primera destaca el paralelo entre el sufrimiento que Cristo padeció en carne propia y los sentimientos que deben animar a los cristianos (vv. 1-2); la segunda destaca la connotación "diversa" de los cristianos en el contexto social en el que viven

(vv. 3-6); la última imagen parte de la perspectiva escatológica y dirige su atención sobre la dinámica comunional en la vida de los cristianos con indicaciones precisas y preciosas (vv. 7-11).

El v. 10: *Cada uno, como buen administrador de la multiforme gracia de Dios, ponga al servicio de los demás el carisma que haya recibido*, traza los rasgos de aquel que habiendo seguido a Cristo y su Evangelio está lleno de la Gracia, es decir de una lluvia de dones que se derraman en la vida de todo creyente. Pedro, en efecto, invita a vivir el propio don (*chárisma*) como servidores (*diakonìa*) haciéndonos administradores (*oìkonòmoi*) de la Gracia (4,10).

Los dones recibidos de Dios son llamados carismas, del griego *charis*, que viene del verbo *charizomai*, que significa: donar, ser munífico, generoso, dar con gratuidad.

En el Nuevo Testamento el término *chárisma* se utiliza solo con referencia a dones que proceden de Dios. Los carismas no son dones concedidos a todos, sino que cada carisma es un don particular que el Espíritu distribuye «como quiere» (*1 Co* 12,11)[1].

[1] Cf. Congregación para la Doctrina de la Fe, Carta *Iuvenescit Ecclesia* sobre la relación entre los dones jerárquicos y carismáticos para la vida y misión de la Iglesia, Roma (15 de mayo de 2016), 4.

El cristiano, por tanto, está llamado a ser ecónomo, administrador de la multiforme gracia que se expresa también mediante los carismas, y está llamado a ponerla en circulación en beneficio de todos. Todo don es un derramarse del desmedido patrimonio de gracia de parte de Dios y, por tanto, cada miembro de la comunidad, enriquecido con este don, es miembro activo y corresponsable de la vida comunitaria, sabiendo que lo que tiene a disposición no es suyo, sino que es un don que ha de custodiar, hacer fructificar en vista de un único objetivo: el bien común «porque sólo juntos es posible alcanzarlo, acrecentarlo y custodiarlo, también en vistas al futuro»[2]. Bien común que pone en red múltiples dones, al servicio los unos de los otros, por medio de los cuales el proyecto salvífico de Dios se manifiesta en beneficio de todo hombre y de toda mujer.

2. En el proyecto salvífico de Dios la Iglesia es «como el administrador fiel y prudente [que] tiene la tarea de cuidar con esmero cuanto le ha sido confiado». De hecho «es consciente de la responsabilidad que tie-

[2] PONTIFICIO CONSEJO "JUSTICIA Y PAZ", *Compendio de la Doctrina Social de la Iglesia*, Roma (2 de abril de 2004), § 164.

ne de salvaguardar y gestionar diligentemente sus propios bienes, a la luz de su misión evangelizadora y con particular solicitud hacia los necesitados»[3].

El momento histórico que estamos viviendo llama a la vida consagrada a medirse con una difundida disminución de las vocaciones y con una persistente crisis económica. Esta situación pide «asumir con realismo, confianza y esperanza las nuevas responsabilidades que nos reclama la situación de un mundo que necesita una profunda renovación cultural y el redescubrimiento de valores de fondo sobre los cuales construir un futuro mejor. La crisis nos obliga a revisar nuestro camino, a darnos nuevas reglas y a encontrar nuevas formas de compromiso, a apoyarnos en las experiencias positivas y a rechazar las negativas. De este modo, la crisis se convierte *en ocasión de discernir y proyectar de un modo nuevo*. Conviene afrontar las dificultades del presente en esta clave, de manera confiada más que resignada»[4].

[3] FRANCISCO, Carta Apostólica en forma de "motu proprio" *Fidelis dispensator et prudens* para la constitución de una nueva estructura de coordinación de los asuntos económicos y administrativos de la Santa Sede y del Estado de la Ciudad del Vaticano (24 de febrero de 2014), *incipit*.

[4] BENEDICTO XVI, Carta Enc. *Caritas in veritate* (29 de junio de 2009), 21.

Desde esta perspectiva, y también por medio de la gestión y la administración de los bienes, los Institutos de vida consagrada y las Sociedades de vida apostólica, están llamados a ser *buenos administradores* de los carismas que han recibido del Espíritu.

3. En los últimos años no pocos Institutos de vida consagrada y Sociedades de vida apostólica han tenido que hacer frente a problemas de índole económico. Podríamos decir que a esta creciente disminución de las fuerzas ha correspondido un aumento de las dificultades. Una insuficiente preparación y una carente planificación de proyectos han estado en la raíz de opciones económicas que no solamente han hecho peligrar los bienes, sino también la supervivencia misma de los Institutos. Constatando la situación, la Congregación para los Institutos de vida consagrada y las Sociedades de vida apostólica ha pedido a los Institutos de vida consagrada y a las Sociedades de vida apostólica que asuman una mayor conciencia acerca de la relevancia de la materia económica, proporcionando criterios e indicaciones prácticas para la gestión de los bienes.

En este contexto se han preparado y celebrado los dos *Simposios Internacionales* sobre la gestión de los bienes. El primero se ha celebrado en marzo de 2014 con el tema *La gestión de los bienes eclesiásticos de los Institutos de vida consagrada y de las Sociedades de vida apostólica al servicio del* humanum *y de la misión en la Iglesia*[5], y ha tenido como resultado la elaboración de las *Líneas orientativas para la gestión de los bienes en los Institutos de vida consagrada y en las Sociedades de vida apostólica*[6], que han sido publicadas el 2 de agosto de 2014. Las líneas orientativas y los principios para la gestión de los bienes se indican «como una ayuda para que los Institutos respondan con audacia renovada y profecía evangélica a los desafíos de nuestro tiempo y puedan continuar siendo signo profético del amor de Dios»[7].

En el periodo sucesivo la atención del Dicasterio se ha dirigido también hacia la significatividad de las obras. Si el primer Simposio

[5] CONGREGACIÓN PARA LOS INSTITUTOS DE VIDA CONSAGRADA Y LAS SOCIEDADES DE VIDA APOSTÓLICA, *La gestión de los bienes de los Institutos de vida consagrada y las Sociedades de vida apostólica al servicio del* humanum *y de la misión en la Iglesia. Actas del Simposio Internacional (Roma, 8 y 9 de marzo de 2014)*, LEV, Ciudad del Vaticano 2014.

[6] CONGREGACIÓN PARA LOS INSTITUTOS DE VIDA CONSAGRADA Y LAS SOCIEDADES DE VIDA APOSTÓLICA, Carta Circular *Líneas orientativas para la gestión de los bienes en los Institutos de vida consagrada y en las Sociedades de vida apostólica*, Roma (2 de agosto de 2014).

[7] *Ibíd.*, 6.

se ha visto caracterizado por el llamamiento a la capacidad de rendir cuentas y al deber de tutelar los bienes de vigilancia y de control de parte de los Superiores, el segundo Simposio, celebrado en noviembre de 2016, se ha detenido sobre la significatividad carismática: *En fidelidad al carisma, repensar la economía.*

4. Siguiendo el rico Magisterio del Papa Francisco, este documento, en continuidad con el texto de las *Líneas*, se propone:

– llevar a cabo un camino de reflexión eclesial sobre los bienes y su gestión, apoyándose también en las aportaciones que se han pedido a los Superiores de los Institutos de vida consagrada y de las Sociedades de vida apostólica que han llegado al Dicasterio[8];

– volver a explicitar algunos aspectos de la normativa canónica en materia de bienes temporales, con particular referencia a la praxis de la Congregación para los Institutos de vida consagrada y las Sociedades de vida apostólica;

– sugerir algunas herramientas de planificación y de programación inherentes a la gestión de las obras;

[8] *Ibíd.*

– solicitar a los Institutos de vida consagrada y a las Sociedades de vida apostólica, a todos los niveles, desde los Superiores a los miembros, que vuelvan a pensar la economía en fidelidad al carisma para ser « también hoy, para la Iglesia y para el mundo, la avanzada de la atención a todos los pobres y a todas las miserias materiales, morales y espirituales, como superación de todo egoísmo en la lógica del Evangelio, que enseña a confiar en la Providencia de Dios »[9].

[9] FRANCISCO, *Mensaje a los participantes en el Simposio internacional sobre el tema: "La gestión de los bienes de los Institutos de vida consagrada y las Sociedades de vida apostólica al servicio del* humanum *y de la misión en la Iglesia"*, Roma (8 de marzo de 2014).

I.

MEMORIA VIVA DE CRISTO POBRE

La pobreza de Cristo, novedad del Evangelio

5. Vivir la novedad del Evangelio « significa vivir de modo que se refleje en nuestras vidas la pobreza de Cristo, cuya existencia entera se centró en hacer la voluntad del Padre y en servir a los demás »[1].

El Papa Francisco no deja escapar ninguna oportunidad para volvernos continuamente al centro de la *sequela Christi*: « El deseo explícito de una total conformación con Él »[2], con su vida, con su *kénosis*. El misterio de la Encarnación es misterio de pobreza: *siendo rico se hizo pobre por nosotros* (cf. *2 Co* 8,9). En la cruz

[1] FRANCISCO, *Homilía* durante la Santa Misa con los obispos, sacerdotes, religiosos y religiosas, con ocasión del viaje apostólico a Sri Lanka y a Filipinas, Manila (16 de enero de 2015).

[2] JUAN PABLO II, Ex. Ap. post-sinodal *Vita consecrata* (25 de marzo de 1996), 18.

«su pobreza llegará al despojo de todo»[3] y experimenta hasta el fondo el misterio de la *kénosis*, como el *Siervo sufriente*, anunciado por Isaías.

6. «La pobreza de Cristo encierra en sí esta infinita riqueza de Dios. [El] no es solamente el maestro, sino también el portavoz y el garante de aquella pobreza salvífica, que corresponde a la riqueza infinita de Dios y al poder inagotable de su gracia»[4]. La *kénosis* se plantea pues como criterio fundamental para la vida de cada bautizado y, con más razón, de cada persona consagrada. La pobreza, «vivida según el ejemplo de Cristo que *siendo rico, se hizo pobre* (*2 Co* 8, 9), es expresión de la *entrega total de sí* que las tres Personas divinas se hacen recíprocamente. Es don que brota en la creación y se manifiesta plenamente en la Encarnación del Verbo y en su muerte redentora»[5].

Al comienzo de su ministerio, en la sinagoga de Nazaret Jesús ha proclamado que el *Evangelio es anunciado a los pobres* (cf. *Lc* 4, 18;

[3] *Ibíd.*, 23; cf. *Flp* 2, 5-11.

[4] Juan Pablo II, Ex. Ap. *Redemptionis donum* (25 de marzo de 1984), 12.

[5] Juan Pablo II, Ex. Ap. post-sinodal *Vita consecrata* (25 de marzo de 1996), 21.

Is 61,1). Quien quiere seguirle es llamado a abandonar los bienes, la casa, la familia, a empezar su camino con desprendimiento (*Lc* 14,33; 18,22). El Maestro pide, ante todo, acoger y, por consiguiente, vivir *la primacía del Reino*, ante el que no es posible preferir o anteponer nada. Por esto a los pobres de espíritu se les llama bienaventurados (*Mt* 5,3), porque son ellos los primeros destinatarios del Reino, aquellos que están en condiciones de esperarle, desearle y acogerle.

7. Pobreza dichosa es la que nos libera interiormente, y que nos permite crecer en la fe y en la caridad, aquella caridad que tiene los ojos abiertos sobre las necesidades de los demás y el corazón misericordioso para socorrerlos. La pobreza dichosa se siente animada por el amor que antepone los demás a uno mismo y pone su confianza en Dios, que cuida de sus criaturas como de los lirios del campo y de los pájaros del cielo (cf. *Mt* 6,25-34).

Pobreza dichosa es aquella que Jesús aconseja al joven *que se marchó triste porque tenía muchos bienes* (*Mc* 10,22) y quiso guardarlos para sí. El Maestro le había sugerido vender todo para educarle a la libertad interior y a la misericordia auténtica y generosa. La pobreza educa a la caridad, introduciendo así a la contemplación del Misterio de Dios.

8. El testimonio de vida consagrada asume *estilos de vida pobre*. En la Carta Encíclica *Laudato si'* sobre el cuidado de la casa común, el Papa Francisco teje el elogio de la sobriedad y escribe: « La espiritualidad cristiana propone un crecimiento con sobriedad y una capacidad de gozar con poco. Es un retorno a la simplicidad que nos permite detenernos a valorar lo pequeño, agradecer las posibilidades que ofrece la vida sin apegarnos a lo que tenemos ni entristecernos por lo que no poseemos »[6]. Las personas consagradas con su opción por la pobreza, profesada con voto o con otro vínculo sagrado, según su carisma específico, son testigos vivos y creíbles de « la sobriedad que se vive con libertad y su conciencia es liberadora. No es menos vida, no es una baja intensidad, sino todo lo contrario »[7].

La pobreza de los consagrados aspira a « dar testimonio de Dios como la verdadera riqueza del corazón humano »[8], a confesar que con Cristo se poseen *bienes mejores y más duraderos* (*Hb* 10,34): la fe en Él otorga a la

[6] FRANCISCO, Carta Enc. *Laudato si'* (24 de mayo de 2015), 222.

[7] *Ibíd.*, 223.

[8] JUAN PABLO II, Ex. Ap. post-sinodal *Vita consecrata* (25 de marzo de 1996), 90.

vida «una base nueva, un nuevo fundamento sobre el que el hombre puede apoyarse»[9].

Con su pobreza los consagrados testimonian una calidad de vida verdaderamente humana que relativiza los bienes revelando a Dios como el bien absoluto[10]. La sencillez, la sobriedad y la austeridad de vida de las personas consagradas les confieren una total libertad en Dios[11].

Hacia "la carne de Cristo"

9. «El hombre, y en particular los pobres, son exactamente el camino de la Iglesia, porque ha sido el camino de Jesucristo»[12]. Los pobres han estado siempre en el centro de la atención de Jesús, que ha buscado darles dignidad, vida, posibilidad de vivir su humanidad en plenitud. En la línea de su Magisterio, el Papa Francisco lo recuerda incesantemente. «Cómo me gustaría una Iglesia

[9] BENEDICTO XVI, Carta Enc. *Spe Salvi* (30 de noviembre de 2007), 8.

[10] Cf. JUAN PABLO II, Ex. Ap. post-sinodal *Vita consecrata* (25 de marzo de 1996), 89.

[11] Cf. FRANCISCO, *Discurso a los participantes en las jornadas dedicadas a los representantes pontificios*, Roma (21 de junio de 2013).

[12] J.M. BERGOGLIO, *Solo l'amore ci può salvare*, LEV, Città del Vaticano 2013, 113.

pobre y para los pobres »[13] estas palabras que el Papa ha pronunciado al día siguiente de su elección pueden considerarse como una de las claves de su pontificado. « Para la Iglesia la opción por los pobres es una categoría teológica antes que cultural, sociológica, política o filosófica. Dios les otorga "su primera misericordia". Esta preferencia divina tiene consecuencias en la vida de fe de todos los cristianos, llamados a tener *los mismos sentimientos de Jesucristo* (*Flp* 2,5) »[14].

10. Esta exigencia de atención a las necesidades de los pobres, en pos del Maestro, se encarnó en la primera comunidad de los discípulos. En los *Hechos de los Apóstoles* (cf. *Hch* 2,42-47; 4,32-37) la Iglesia de Jerusalén se presenta como una asamblea donde por la caridad y la puesta en común de los bienes, repartidos *a cada uno según su necesidad* (*Hch* 4,35), se consigue que *entre ellos no hubiese indigentes* (*Hch* 4,34). Además de la escucha asidua de la enseñanza de los Apóstoles, de la fracción del pan y de la oración, esta comunidad era perseverante en la *koi-*

[13] FRANCISCO, *Discurso a los representantes de los medios de comunicación*, Roma (16 de marzo de 2013); FRANCISCO, Ex. Ap. *Evangelii gaudium* (24 de noviembre de 2013), 198.

[14] FRANCISCO, Ex. Ap. *Evangelii gaudium* (24 de noviembre de 2013), 198.

nonía (*Hch* 2,42), en poseer *todo en común* (*Hch* 2,44; 4,32) y en el reparto de los bienes *según la necesidad de cada uno* (*Hch* 2,45).

Incluso la gran colecta que Pablo, en las Iglesias por él fundadas, organiza en favor de la Iglesia madre de Jerusalén (*1 Co* 16,1-4; *Rm* 15,25-28; *2 Co* 8-9), es un gesto de solidaridad que ensancha el horizonte de la comunión eclesial.

Estos textos constituyen un paradigma de inspiración del ser y del hacer de la comunidad de los discípulos de todo tiempo y en todo lugar. Los cristianos se han percatado y se percatan de la responsabilidad de encontrar formas aptas para traducir en la práctica las exigencias de la *koinonía*. Al encarnar en la historia la pobreza de Cristo e inspirándose en la vida de las primeras comunidades, las personas consagradas están llamadas a asumir la urgencia de la *koinonía*. Es la opción de seguir a Cristo pobre la que lleva a optar por los pobres.

11. «Una Iglesia pobre empieza con ir a buscar a quienes son precisamente la carne de Cristo»[15]. La contemplación del rostro del

[15] FRANCISCO, *Palabras con ocasión de la Vigilia de Pentecostés con los movimientos, las nuevas comunidades, las asociaciones y las agregaciones eclesiales*, Roma (18 de mayo de 2013).

Padre revelado en Cristo Jesús, su amor concreto manifestado en la Encarnación del Hijo (cf. *Flp* 2,7), lleva a descubrirlo en todos los pobres y excluidos. A los pobres no se dan solo las cosas, es necesario compartir con ellos o, mejor aún, devolverles aquello que les pertenece. Los consagrados y las consagradas que han hecho la experiencia del Amor gratuito del Padre, están llamados a apropiarse de la espiritualidad de la restitución, para devolver libremente aquello que se les ha dado para el servicio a los hermanos: la vida, los dones, el tiempo, los bienes de los que se sirven. Es menester realizar «un verdadero *encuentro* con los pobres y dar lugar a un *compartir* que se convierta en un estilo de vida»[16]: vivir *sine proprio* – siguiendo el ejemplo de Francisco de Asís – llega a ser el grado más alto de la pobreza evangélica.

Las personas consagradas están llamadas no solo a la pobreza personal – «hoy la pobreza es un clamor. Todos nosotros debemos pensar si podemos ser un poco más pobres»[17] –, sino que es también una pobreza

[16] FRANCISCO, *Mensaje con ocasión de la I Jornada Mundial de los pobres*, Roma (13 de junio de 2017), 3.

[17] FRANCISCO, *Discurso a los estudiantes de las escuelas regentadas por los jesuitas en Italia y en Albania*, Roma (7 de junio de 2013).

comunitaria; no solo los miembros han de desapegarse de los bienes, sino también las instituciones: « Los conventos vacíos no son nuestros, son para la carne de Cristo » [18]. La comunidad religiosa, por tanto, tiene que solidarizarse en la pobreza, porque « cualquier comunidad de la Iglesia, en la medida en que pretenda subsistir tranquila sin ocuparse creativamente y cooperar con eficiencia para que los pobres vivan con dignidad y para incluir a todos, también correrá el riesgo de la disolución » [19].

La comunidad está llamada a ejercer el discernimiento no tanto para individuar las categorías de pobres, sino para hacerse prójima de ellos, sean quienes sean y doquiera los encuentra, para conocer la pobreza capaz de enriquecerla *en la anchura, longitud, altura y profundidad del amor de Cristo* (cf. *Ef* 3,18-19).

Economía del rostro humano

12. El hombre y su verdadero bien han de tener una primacía también en la actividad económica y más ampliamente aún en la or-

[18] Francisco, *Discurso con ocasión de la Visita al Centro "Astalli" para el servicio a refugiados*, Roma (10 de septiembre de 2013).

[19] Francisco, Ex. Ap. *Evangelii gaudium* (24 de noviembre de 2013), 207.

ganización social y en la vida política. Así lo manifestaba la Constitución *Gaudium et spes*: « Porque el hombre es el autor, el centro y el fin de toda la vida económico-social »[20], y Benedicto XVI reiteraba: « El primer capital que se ha de salvaguardar y valorar es el hombre, la persona en su integridad »[21]. Y es así que la dimensión económica está estrechamente relacionada con la persona y la misión. Por la economía pasan opciones relevantes para la vida personal y colectiva, en las que debe transparentarse el testimonio evangélico, atento a las necesidades de los hermanos y de las hermanas.

Los consagrados y las consagradas optan por la profecía y se sustraen a la « dictadura sin un rostro y sin un objetivo verdaderamente humano »[22]. Su pobreza recuerda a todos la urgencia de apartarse de la economía de la exclusión y de la inequidad, porque esta economía mata[23]. En efecto, lleva a considerar « al ser humano en sí mismo como un bien de

[20] CONCILIO ECUMÉNICO VATICANO II, Const. past. sobre la Iglesia en el mundo contemporáneo *Gaudium et spes*, 63.

[21] BENEDICTO XVI, Carta Enc. *Caritas in veritate* (29 de junio de 2009), 25.

[22] FRANCISCO, Ex. Ap. *Evangelii gaudium* (24 de noviembre de 2013), 55.

[23] Cf. *Ibíd.*, 53 y siguientes.

consumo, que se puede usar y luego tirar. Hemos dado inicio a la cultura del "descarte" que, además, se promueve. [...] Los excluidos no son "explotados" sino desechos, "sobrantes" »[24].

La credibilidad evangélica de los consagrados se halla asimismo vinculada a la manera en que se gestionan los bienes. No es posible ceder a la tentación de buscar la eficiencia técnica y organizativa de los recursos materiales y de las obras, y no la eficacia de la acción desde el plan evangélico. Desde esta perspectiva los Superiores Mayores han de ser conscientes de que no todas las técnicas de gestión corresponden a principios evangélicos y que tampoco todas concuerdan con la doctrina social de la Iglesia[25]. «La economía y su gestión nunca son ética y antropológicamente neutras. O se combinan para construir relaciones de justicia y solidaridad, o generan situaciones de exclusión y rechazo»[26].

[24] *Ibíd.*, 53.

[25] Cf. CONGREGACIÓN PARA LOS INSTITUTOS DE VIDA CONSAGRADA Y LAS SOCIEDADES DE VIDA APOSTÓLICA, Carta circ. *Líneas orientativas para la gestión de los bienes en los Institutos de vida consagrada y en las Sociedades de vida apostólica*, Roma (2 de agosto de 2014), 3.

[26] FRANCISCO, *Mensaje a los participantes en el II Simposio internacional sobre el tema: "En fidelidad al carisma repensar la*

13. Esta atención en poner a la persona en el centro, con todas sus características y peculiaridades, señala la necesidad de sobrepasar de continuo una mentalidad funcionalista también dentro de las comunidades, cuidando con esmero y valorando a todos los miembros, en particular a los ancianos. Se trata en concreto de integrar en la dinámica comunitaria a nuestros ancianos y ancianas, recurriendo a sus recursos de testimonio y de oración, valorando su experiencia y sabiduría, e implicándolos – también en esta fase – en formas de servicios de las que aún son capaces. Integración que llega a ser un signo de contradicción en una sociedad donde los ancianos corren el riesgo de ser apartados como descartes. Sabemos bien que esta dinámica de acogida y valoración está presente en nuestras fraternidades: los Institutos procuran activamente garantizar a las hermanas y a los hermanos ancianos y enfermos una asistencia digna, con una notable inversión de energías y de bienes.

Del mismo modo, los consagrados y las consagradas ancianos están llamados a acoger las propuestas de los hermanos y hermanas jóvenes y hacerlo con apertura y con-

economía de los Institutos de vida consagrada y las Sociedades de vida apostólica", Roma (25 de noviembre de 2016).

fianza, para que en cada comunidad se cumpla la profecía de Joel: *vuestros ancianos soñaron sueños, vuestros jóvenes verán visiones* (3, 1), sin ceder jamás *a la tentación de la supervivencia*[27].

La economía es instrumento de la acción misionera de la Iglesia

14. Pensar la economía significa estar metidos en el proceso de humanización que nos hace, para decirlo con los latinos, *humanissimi*, es decir personas en el sentido más pleno del término, conscientes de sí mismas y de su relación-misión en el mundo: «Yo soy una misión en esta tierra, y para eso estoy en este mundo»[28].

Con ocasión del primer Simposio para los ecónomos generales el Santo Padre recordaba: «Los Institutos de vida consagrada y las Sociedades de vida apostólica han sido siempre voz profética y testimonio vivo de la novedad que es Cristo [...]. Esta pobreza amo-

[27] Cf. FRANCISCO, *Homilía* con ocasión de la Fiesta de la Presentación del Señor, XXI Jornada Mundial de la Vida Consagrada, Roma (2 de febrero de 2017).

[28] Cf. FRANCISCO, Ex. Ap. *Evangelii gaudium* (24 de noviembre de 2013), 273.

rosa es solidaridad, compartir y caridad, y se expresa en la sobriedad, en la búsqueda de la justicia y en la alegría de lo esencial, para alertar ante los ídolos materiales que ofuscan el verdadero sentido de la vida»[29].

La pobreza de los consagrados ha de ser, por tanto, amorosa y no teórica[30]. Contesta con fuerza la idolatría de mamona, proponiéndose como llamamiento profético ante una sociedad que en tantas partes del mundo acomodado corre el riesgo de perder el sentido de la medida y el significado mismo de las cosas. Y por ello hoy, más que en otros tiempos, a su llamado prestan atención también aquellos que, conscientes de que los recursos del planeta no son infinitos, invocan respeto y salvaguardia de la creación por medio de la reducción de los consumos, una mayor sobriedad e la imposición de un freno obligado a los propios deseos.

Si el ámbito de la economía es instrumento, si el dinero debe servir y no gobernar, entonces es necesario mirar al carisma, la dirección, los propósitos, al significado y a las

[29] FRANCISCO, *Mensaje a los participantes en el Simposio internacional sobre el tema "La gestión de los bienes eclesiásticos de los Institutos de vida consagrada y de las Sociedades de vida apotólica al servicio del* humanum *y de la misión de la Iglesia"*, Roma (8 de marzo de 2014).

[30] Cf. *ibíd.*

implicaciones sociales y eclesiales de las opciones económicas de los Institutos de vida consagradas y de las Sociedades de vida apostólica[31].

15. En el concepto mismo de bien eclesiástico se encuentra la confirmación de los bienes temporales como instrumento para alcanzar un fin. Los bienes de los Institutos son, en efecto, bienes eclesiásticos (can. 634 § 1). Son considerados como tales los bienes que pertenecen a las personas jurídicas públicas (can. 1257 § 1) ordenadas a un fin congruente con la misión de la Iglesia (can. 114 § 1), «para que cumplan en nombre de la Iglesia la misión que se les confía mirando al bien público» (can. 116 § 1). Los bienes de los Institutos participan, de hecho, de las «mismas finalidades en la forma evangélica de la promoción de la persona humana, de la misión, de la puesta en común solidaria y caritativa con el pueblo de Dios: sobre todo la solicitud y el cuidado de los más pobres, como compromiso común, pueden dar una

[31] Cf. Francisco, *Mensaje a los participantes en el segundo Simposio internacional sobre el tema: "En fidelidad al carisma repensar la economía de los Institutos de vida consagrada y las Sociedades de vida apostólica"*, Roma (25 de noviembre de 2016).

nueva vitalidad al Instituto »[32]. Como la Constitución conciliar *Gaudium et spes* afirma, la Iglesia se sirve « de medios temporales en cuanto su propia misión lo exige », más aún, « renunciará al ejercicio de ciertos derechos legítimamente adquiridos tan pronto como conste que su uso puede empañar la pureza de su testimonio »[33].

La fidelidad al carisma y a la misión sigue siendo, por tanto, el criterio fundamental para la valoración de las obras[34], en efecto « la rentabilidad no puede ser el único criterio a tener en cuenta »[35].

Un atento discernimiento es el medio por el cual hay que repensar la economía, es decir: escucha de la Palabra de Dios y de la historia. Comprometerse, sin cansarse, en el discernimiento permitirá optar – con sagaci-

[32] CONGREGACIÓN PARA LOS INSTITUTOS DE VIDA CONSAGRADA Y LAS SOCIEDADES DE VIDA APOSTÓLICA, *Orientaciones. Para vinos nuevos odres nuevos. La vida consagrada desde el Concilio Vaticano II: retos aún abiertos*, Roma (6 de enero de 2017), 28.

[33] CONCILIO ECUMÉNICO VATICANO II, Const. past. sobre la Iglesia en el mundo contemporáneo *Gaudium et spes*, 76.

[34] Cf. FRANCISCO, *Mensaje a los participantes en el segundo Simposio internacional sobre el tema: "En fidelidad al carisma repensar la economía de los Institutos de vida consagrada y las Sociedades de vida apostólica"*, Roma (25 de noviembre de 2016).

[35] FRANCISCO, Carta Enc. *Laudato si'* (24 de mayo de 2015), 187.

dad creativa y corazón disponible – por obras que devuelven la dignidad a « personas víctimas del descarte, débiles y frágiles; los aún no nacidos, los pobres, los ancianos, los enfermos, los discapacitados graves »[36]. En la Carta a todos los consagrados con ocasión del Año de la vida consagrada el Papa Francisco afirmaba: « Espero de vosotros gestos concretos de acogida a los refugiados, de cercanía a los pobres, de creatividad en la catequesis, en el anuncio del Evangelio, en la iniciación a la vida de oración. Por tanto, espero que se aligeren las estructuras, se reutilicen las grandes casas en favor de obras más acordes a las necesidades actuales de evangelización y de caridad, se adapten las obras a las nuevas necesidades »[37].

Al mismo tiempo, es necesaria una renovada conciencia para abandonar la mentalidad asistencialista que cubre las pérdidas de una obra sin resolver los problemas de gestión y que representa un daño enorme porque disi-

[36] Cf. FRANCISCO, *Mensaje a los participantes en el segundo Simposio internacional sobre el tema: "En fidelidad al carisma repensar la economía de los Institutos de vida consagrada y las Sociedades de vida apostólica"*, Roma (25 de noviembre de 2016).

[37] FRANCISCO, *Carta Apostólica* a todos los consagrados con ocasión del Año de la vida consagrada, Roma (23 de noviembre 2014), 2.

pa recursos que podrían utilizarse para otras obras de caridad[38].

Los Institutos han de preocuparse no solo de los resultados de su gestión, sino también de todo el *iter* del proceso económico. « La doctrina social de la Iglesia ha sostenido siempre que la *justicia afecta a todas las fases de la actividad económica, Así, toda decisión económica tiene consecuencias de carácter moral.* Además, las normas de justicia deben ser respetadas desde el principio y durante el proceso econó. mico y no sólo después o colateralmente »[39].

Economía evangélica: intercambio y comunión

16. Los Institutos de vida consagrada y las Sociedades de vida apostólica están invitados a buscar otros « modos de entender la economía y el progreso »[40]. La fraternidad, la solidaridad, el rechazo a la indiferencia, la gratuidad son el remedio más básico para los

[38] Cf. Congregación para los Institutos de vida consagrada y las Sociedades de vida apostólica, Carta circ. *Líneas orientativas para la gestión de los Institutos de vida consagrada y las Sociedades de vida apostólica,* Roma (2 de agosto de 2014), 9, 1.1.

[39] Benedicto XVI, Carta. Enc. *Caritas in veritate* (29 de junio de 2009), 37.

[40] Francisco, Carta Enc. *Laudato si'* (24 de mayo de 2015), 16.

conflictos, también económicos, y el punto de partida para construir una sociedad justa y equitativa, cuyo fin es reflejar lo más posible la patria definitiva, donde habrá *nuevos cielos y nueva tierra, en los que habite la justicia* (*2P* 3,13).

«Si para llevar a cabo el desarrollo se necesitan técnicos, cada vez en mayor número, para este mismo desarrollo se exige más todavía pensadores de reflexión profunda que busquen un humanismo nuevo, el cual permita al hombre moderno hallarse a sí mismo, asumiendo los valores superiores del amor, de la amistad, de la oración y de la contemplación. Así podrá realizar en toda su plenitud el verdadero desarrollo»[41].

Si el desarrollo quiere ser auténticamente humano ha de dejar espacio a los carismas. Los carismas fundacionales, en efecto, están inscritos en la «lógica del don [que] no excluye la justicia ni se yuxtapone a ella como un añadido externo en un segundo momento»[42]; en el *ser-don*, los consagrados aportan su contribución al desarrollo económico, social y político que, «si quiere ser auténtica-

[41] Pablo VI, Carta Enc. *Populorum progressio* (26 de marzo de 1967), 20.

[42] Benedicto XVI, Carta Enc. *Caritas in veritate* (29 de junio de 2009), 34.

mente humano», tiene que «dar espacio al *principio de gratuidad* como expresión de fraternidad. [...] Por su naturaleza, el don supera al mérito, su norma es sobreabundar»[43]. La sobreabundancia se escapa de parámetros empresariales: ¡su medida es la caridad! «Los dones carismáticos, de hecho, mueven a los fieles a responder libremente y de manera adecuada al mismo tiempo, al don de la salvación, haciéndose a sí mismos un don de amor para otros y un auténtico testimonio del Evangelio para todos los hombres»[44]. Porque de hecho «en la lógica del Evangelio, si no se da todo, nunca se da bastante»[45].

17. La vida consagrada tiene que liberarse del paradigma tecnocrático ejerciendo plenamente la libertad que «es capaz de limitar la técnica, orientarla y ponerla al servicio de otro tipo de progreso, más sano, más humano, más social y más integral»[46].

[43] *Ibíd.*

[44] Congregación para la Doctrina de la Fe, Carta *Iuvenescit Ecclesia* sobre la relación entre los dones jerárquicos y carismáticos para la vida y misión de la Iglesia, Roma (15 de mayo de 2016), 15.

[45] Francisco, *Discurso a los participantes en el encuentro* "Economía y comunión", promovido por el Movimiento de los Focolares, Roma (4 de febrero de 2017).

[46] Francisco, Carta Enc. *Laudato si'* (24 de mayo de 2015), 112.

Se pide a todos una conversión ecológica que comprometa a los individuos y a las comunidades: «A los problemas sociales se responde con redes comunitarias, no con la mera suma de bienes individuales [...] La conversión ecológica que se requiere para crear un dinamismo de cambio duradero es también una conversión comunitaria»[47]. Como fraternidad de vida consagrada estamos llamados a hacer nuestra esta invitación y a poner en marcha la novedad de vida presente en nuestros carismas. Y haciendo crecer las capacidades peculiares que Dios ha dado a cada uno, estamos invitados, aún hoy, a desarrollar la creatividad y el entusiasmo, para resolver los dramas del mundo, ofreciéndonos a Dios en *sacrificio vivo, santo y agradable* (*Rm* 12,1)[48].

Formación para la dimensión económica

18. Desde la perspectiva de una conversión de la mentalidad y de la praxis de la economía y de la gestión «repensar la economía requiere habilidades y capacidades específicas, [...] pero es una dinámica que afecta a la vida de todos y cada uno. No es una tarea

[47] *Ibíd.*, 219.
[48] Cf. *Ibíd.*, 220.

que se pueda delegar a otro, sino que atañe a la plena responsabilidad de cada persona»[49].

Todos los miembros de los Institutos de vida consagrada y de las Sociedades de vida apostólica deben sentir la responsabilidad de que se ponga la máxima atención para que la administración de los recursos económicos esté siempre y realísticamente al servicio de los fines del propio carisma.

La creciente complejidad en la administración de los bienes ha ido acentuando la tendencia a eximirse de la propia responsabilidad y asignar o delegar estos temas solamente a algunos, o incluso a una sola persona; y esto ha ido engendrando desinterés por la economía dentro de las comunidades; ha favorecido la pérdida de contacto con los costos de la vida y los cansancios que la gestión supone induciendo al riesgo de una dicotomía entre economía y misión[50].

[49] FRANCISCO, *Mensaje a los participantes en el segundo Simposio internacional sobre el tema: "En fidelidad al carisma repensar la economía de los Institutos de vida consagrada y las Sociedades de vida apostólica"*, Roma (25 de noviembre de 2016).

[50] Cf. CONGREGACIÓN PARA LOS INSTITUTOS DE VIDA CONSAGRADA Y LAS SOCIEDADES DE VIDA APOSTÓLICA, Carta circ. *Líneas orientativas para la gestión de los bienes en los Institutos de vida consagrada y las Sociedades de vida apostólica*, Roma (2 de agosto de 2014), 3.

La formación para la *dimensión económica* parte de la puesta en común de las motivaciones humanas, éticas y morales del servicio, para llegar a redescubrir la dimensión evangélica de la economía, para administrar las estructuras económicas en orden a principios de gratuidad, fraternidad y justicia, y para vivir la lógica del don, dando así un verdadero aporte al desarrollo económico, social y político de la sociedad y de la Iglesia[51].

19. La formación ayuda « a entrar en un proceso decidido de discernimiento, de purificación y de reforma »[52] en lo concreto de una determinada situación. Poner en marcha procesos de formación para la dimensión económica significa acompañar el cambio, reavivando la necesidad de volverse hacia el Señor Jesús, también en orden a la economía, para ser « testimonio de un modo distinto de hacer, de actuar, de vivir »[53]. Para ello se necesitará una oportuna preparación a la luz de la Doctrina Social de la Iglesia. Porque « poniéndose totalmente al servicio del miste-

[51] Cf. *Ibíd.*, 5.

[52] FRANCISCO, Ex. Ap. *Evangelii gaudium* (24 de noviembre de 2013), 30.

[53] A. SPADARO, *"¡Despierten al mundo!". Diálogo del Papa Francisco con los Superiores Generales*, texto original en italiano en: *La Civiltà Cattolica*, 165 (2014/I), 5.

rio de la caridad de Cristo por el hombre y por el mundo, los religiosos anticipan y muestran en su vida algunos rasgos de la humanidad nueva que la doctrina social quiere propiciar »[54].

En la Encíclica *Laudato si'* el Papa Francisco ha exhortado a que en los seminarios y en las casas religiosas de formación « se eduque para una austeridad responsable, para la contemplación agradecida del mundo, para el cuidado de la fragilidad de los pobres y del ambiente »[55].

Esto conlleva vivir una espiritualidad encarnada, que considera la realidad como lugar de manifestación y de encuentro con Dios, desarrolla una actitud contemplativa capaz de escuchar su voz en la vida concreta, para descubrir su rostro en cada persona, en particular en las más desfavorecidas. Una espiritualidad que no admite dicotomías y tampoco reduccionismos[56]; la historia, la vida

[54] PONTIFICIO CONSEJO DE JUSTICIA Y PAZ, *Compendio de la Doctrina Social de la Iglesia*, Roma (2 de abril de 2004), 540.

[55] FRANCISCO, Carta Enc. *Laudato si'* (24 de mayo de 2015), 214.

[56] Cf. CONGREGACIÓN PARA LOS INSTITUTOS DE VIDA CONSAGRADA Y LAS SOCIEDADES DE VIDA APOSTÓLICA, *Orientaciones sobre la formación en los Institutos religiosos*, Roma (2 de febrero de 1990), 17.

cotidiana son espacios sagrados donde la Palabra se revela, interpela y transfigura la realidad.

Al proponer una espiritualidad encarnada, el proceso formativo educa a ver la realidad desde los pobres, a desarrollar una compasión eficaz para con ellos, a hacerse cargo de su dolor y a comprometerse en promover la justicia, la paz y la integridad de la creación.

La formación para la dimensión económica, en línea con el propio carisma, es fundamental para que las opciones misioneras sean innovadoras y proféticas.

Urgencia de dar rostros a la profecía

20. En la *Carta apostólica a los consagrados* el Papa Francisco afirma: «El profeta recibe de Dios la capacidad de observar la historia en la que vive y de interpretar los acontecimientos: es como un centinela que vigila por la noche y sabe cuándo llega el alba (cf. *Is* 21,11-12)»[57]. De esto se desprenden responsabilidades concretas frente a nuestro ambiente social y económico. «En medio de las incertidumbres actuales, en una sociedad

[57] FRANCISCO, *Carta Apostólica* a todos los consagrados con ocasión del Año de la vida consagrada, Roma (23 de noviembre de 2014), 2.

capaz de movilizar medios ingentes, pero cuya reflexión en el campo cultural y moral permanece inadecuada respecto a su utilización en orden a la obtención de fines apropiados», los consagrados deben sentir la urgencia de dar rostros a la profecía que nos invita «a no rendirnos y a construir sobre todo, un futuro que tenga sentido para las generaciones venideras. No se ha de temer el proponer cosas nuevas». Porque, «a través de un compromiso de imaginación *comunitaria* es posible transformar, no sólo las instituciones, sino también los estilos de vida y suscitar un futuro mejor para todos los pueblos»[58].

21. Algunos institutos de vida consagrada y Sociedades de vida apostólica están poniendo en marcha iniciativas que, en el ámbito de sus respectivos marcos legislativos, pueden ser útil objeto de reflexión y de consideración. Laboratorios de la caridad y, al mismo tiempo, de búsqueda en orden a identificar nuevas planificaciones soportadas por garantías normativas. En los contextos de inserción, se trata de entablar un diálogo entre los

[58] PONTIFICIO CONSEJO "JUSTICIA Y PAZ", Nota *Por una reforma del sistema financiero y monetario internacional en la perspectiva de una autoridad pública con competencia universal*, Roma (24 de octubre de 2011).

Institutos y las Sociedades para estudiar, con la colaboración de expertos, cuál podría ser el planteamiento jurídico que mejor tutele y promueva la eficacia de sus servicios.

Hoy en día estamos asistiendo a una aceleración en el cambio de leyes que provoca incertidumbre e incide, inevitablemente, en la ya precaria situación de algunas obras. Se trata de potenciar la conexión con los centros – académicos también – que aseguren el monitoreo legislativo y prevean sus efectos o impactos a medio-largo plazo sobre las actividades administradas por los Institutos. Convendría también que se aprovecharan más las instancias de colaboración con los respectivos organismos de las Conferencias Episcopales que coordinan las categorías de servicios (obras educativas, actividades sanitarias y socio-asistenciales). En esta línea, la activación de mesas permanentes de intercambio podría facilitar el acuerdo en vista a crear una plataforma común también ante las Autoridades civiles.

II.
LA MIRADA DE DIOS: CARISMA Y MISIÓN

Tensión hacia el Reino futuro

22. La tensión escatológica caracteriza la vida consagrada y, al mismo tiempo, representa su dinamismo, que se expresa en la súplica « *¡Ven, Señor Jesús!* (*Ap* 22,20). Esta espera es lo más opuesto a la inercia: aunque dirigida al Reino futuro, se traduce en trabajo y misión [...] para que el Reino se haga presente ya ahora. [...] La vida consagrada está al servicio de esta definitiva irradiación de la gloria divina, cuando toda carne verá la salvación de Dios »[1]. La súplica *¡Ven, Señor Jesús!*, se une a otra invocación: *Venga tu Reino* (*Mt* 6,10)[2]. Presente y eternidad ya no están el uno detrás del otro, sino que están estrechamente ligados, la fe « atrae al futuro dentro del presente, de modo que el futuro ya no es el puro

[1] JUAN PABLO II, Ex. Ap. post-sinodal *Vita consecrata* (25 de marzo de 1996), 27.

[2] Cf. *Ibíd.*

"todavía-no". El hecho de que este futuro exista cambia el presente; el presente está marcado por la realidad futura, y así las realidades futuras repercuten en las presentes y las presentes en las futuras »[3].

Por tanto, la relación entre carisma y visión de futuro es constitutiva de la misión misma de los Institutos de vida consagrada y de las Sociedades de vida apostólica[4], que están llamados a vivir el propio carisma a la espera de « las realidades futuras a partir de un presente ya entregado »[5]. Es responsabilidad de cada Instituto elaborar una visión de futuro, también en lo relativo a los aspectos administrativos de las obras, un compromiso del pensar creyente en función de la afirmación de la presencia del Reino aquí y ahora; es un proceso de discernimiento eclesial en el que las obras son lugar de mediación.

23. Las obras, por tanto, no se identifican con la misión: constituyen la modalidad que hace visible la misión, la presuponen, pero ni la agotan ni la definen. Porque cuando esto

[3] BENEDICTO XVI, Carta Enc. *Spe Salvi* (30 de noviembre de 2007), 7.

[4] Cf. JUAN PABLO II, Ex. Ap. post-sinodal *Vita consecrata* (25 de marzo de 1996), 27.

[5] BENEDICTO XVI, Carta Enc. *Spe Salvi* (30 de noviembre de 2007), 9.

ocurre – como es posible que haya ocurrido en el pasado –, el resultado paradójico es que a las obras no se les ofrece un futuro. Las obras pueden cambiar, mientras que la misión permanece fiel a la intuición carismática inicial, encarnándose en el hoy; la misión hay que integrarla en el camino del pueblo de Dios en la historia[6] y aquel que actúa para una misión de Iglesia tiene que realizarla permaneciendo atento a la voz del Espíritu. En estas condiciones se recupera la capacidad de abrir al futuro el carisma y las obras que lo expresan. De lo contrario, hasta las obras más innovadoras corren el riesgo de dar respuestas inmediatas, sin duda eficaces, pero no abiertas a la profecía y, en definitiva, menos evangélicas.

La misión enlaza indisolublemente la *sequela Christi* y el servicio a los pequeños y a las pobres. Al haber nacido de una particular experiencia del Espíritu, que representa en la Iglesia un aspecto del misterio de Cristo y permite ahondar en esa experiencia, una misión que se quiere auténtica ha de asegurar una dimensión mística. Si hubiera una desconexión entre misión carismática y obras, éstas darían una imagen de profesionalidad, de

[6] Cf. FRANCISCO, Ex. Ap. *Evangelii gaudium* (24 de noviembre de 2013), 130 y *otros*.

capacidad pero quedarían sin una vida verdadera, sin amor, sin profundidad.

A este respecto, las palabras del Papa Francisco son clarividentes; nos instan a comprender el testimonio personal y colectivo del carisma como un echar la mirada más allá, como un ver y leer juntos lo que acontece, con la mirada de Dios: « Solo en la mirada de Dios está el futuro para nosotros. Necesitamos a alguien que, conociendo la amplitud del campo de Dios más que el propio estrecho jardín, nos garantice que aquello a lo que aspira nuestro corazón no es una vana promesa »[7].

La mirada más allá: el discernimiento

24. Confrontar el carisma con la historia entrena para el discernimiento, permite mirar con la mirada de Dios, es el don de saber mirar con una mirada distinta y que nos hace capaces de ver lo que otros no ven. Los carismas permiten ver capacidad allí donde otros no ven sino carencias.

El discernimiento mantiene viva la capacidad de conocer la amplitud del campo de Dios, evita que las pequeñas cosas – el *estrecho jardín* del que habla el Papa Francisco –,

[7] FRANCISCO, *Discurso a la reunión de la Congregación para los Obispos*, Roma (27 de febrero de 2014), 1.

se conviertan en absoluto, y las grandes acaben con volverse relativas o hasta inexistentes. La mirada, entonces, traduce una cierta percepción de la historia que sabe conjugar las preguntas que nacen de la experiencia humana, económica y administrativa con el interrogante más fundamental de la fe. Resulta lapidaria al respecto la afirmación de *Evangelii gaudium*: «Recordemos que nunca hay que *responder preguntas que nadie se hace*»[8].

Se reconoce, además, la necesidad de que «las costumbres, los estilos, los horarios, el lenguaje y toda estructura eclesial se conviertan en un cauce adecuado para la evangelización del mundo actual más que para la autopreservación»[9]. Criterio ineludible también en la forma de administrar y gestionar los bienes del Instituto que, a veces, parece cristalizar individualismos de rol con sus respectivas visiones sin permanecer abierto a superar prácticas que resultan ineficaces y orientaciones que son obsoletas.

25. *Mirar más allá requiere* evidenciar un diseño, es decir una experiencia espiritual y eclesial que toma forma gradualmente y se

[8] FRANCISCO, Ex. Ap. *Evangelii gaudium* (24 de noviembre de 2013), 155.

[9] *Ibíd.*, 27.

traduce en términos concretos, en acción. No es una visión de antemano, que recuerda un marco de ideas y conceptos, sino una vivencia que hace referencia a tiempos, lugares y personas (como pide San Ignacio de Loyola) y por tanto no a abstracciones ideológicas. Una visión de futuro que no se impone a la historia tratando de organizarla según sus coordenadas, sino que dialoga con la realidad, se introduce en la historia de los hombres, se despliega en el tiempo. Es un camino que se emprende. Un camino que se hace al andar.

Tener una visión abierta significa, asimismo, dejarse *re-mirar* por la realidad que nos rodea, dejarnos interrogar por ella y mirarnos a través de sus instancias. Esto permite a la vida consagrada, en sus opciones de misión y gestión de las obras, fijar su mirada en lo esencial.

El Espíritu Santo, fuente perenne de todo carisma, es comunión de amor entre el Padre y el Hijo. Esta se desentraña en un doble movimiento del Espíritu, *ad intra* y *ad extra*: diálogo y relación entre Padre e Hijo, presencia del Amor de Dios en la historia. Esta dinámica se convierte en motor de la vida consagrada: volver cada día a la perenne novedad del carisma para hacerlo presente en la historia. La relación con la historia es necesaria para la vitalidad del carisma, que es y sigue siendo eficaz en la medida en que hace suyo este sentido intrínseco de relación. La persona consagrada lleva, por tanto, a la sociedad que cambia, el Amor que no cambia.

La planificación

26. La capacidad de futuro de un carisma se enfrenta con la rapidez y la globalización de los cambios que se están dando en el mundo (socio-económicos, políticos, legislativos) que se someten a una recaída certera en la complejidad de los problemas que hay que afrontar, incluido el de la gestión. Desde este punto de vista es difícil exponer la ambición de una toma de decisiones inminentes; de manera más realista cabría pensar conjuntamente qué orientaciones pueden ser sostenibles en un futuro cercano, siempre que no se reduzcan exclusivamente a nuestro *estrecho jardín*. El problema no se limita a la continuidad de las obras que expresan el carisma, sino a su significatividad socio-eclesial que se traduce en eficacia evangélica.

Y para esto hay que conseguir de manera urgente una mentalidad proyectual, gracias a lo cual se adquirirán una metodología e instrumentos para anticipar, diseñar y guiar el cambio y el crecimiento en las actividades diarias, para ofrecer a las personas, comunidades y obras la capacidad de mirar, de interpretar el mundo y las exigencias actuales. Se trata pues de desarrollar estrategias y técnicas de análisis para valorar la factibilidad real de una acción, adquiriendo y valorando los conocimientos del Instituto sobre los proyectos y el trabajo realizado en el pasado, pero también implicando a expertos externos, intentando conocer las buenas prácticas de otros Institutos y uniendo las competencias y capacidades para trabajar en red. La mentalidad proyectual nace de la experiencia espiritual y eclesial, para traducir de manera concreta la visión de futuro del Instituto, mediante un plan de trabajo estratégico, que utiliza caminos compartidos.

27. Se necesitan más esfuerzos para que el camino emprendido en estos años haga más visible la dimensión carismática en la dimensión operativa y de gestión. Recientemente, varios Institutos de vida consagrada y Sociedades de vida apostólica de experiencia consolidada han elaborado documentos de inspiración carismática que manan de la realidad vivida. En ellos proponen una relectura de los estándares legislativos y de gestión inherentes a sus obras, a la luz de los elementos esenciales del carisma fundacional. Elementos que se recomponen en una visión orgánica que orienta las directrices económicas, de gestión y financieras de servicios. Este diseño se refleja, asimismo, como ya sabemos, en algunos indicadores fundamentales, interpretativos del propio carisma. A modo de ejemplo, se mencionan los de verificación de la diaconía de la caridad vivida en el testimonio coherente de los valores del carisma del Instituto y aquellos inherentes a la valoración de los objetivos y de los resultados esperados. Los documentos mencionados anteriormente – a menudo fruto de una redacción paciente y laboriosa – podrían ser adoptados igualmente por otras Familias de vida consagrada. Compartir experiencias y conocimientos es una premisa fecunda para procesos de discernimiento sobre la reorganización de las obras para « salvaguardar el sentido del propio carisma » [10].

Carismas: su significatividad eclesial

28. En la perspectiva de una visión de futuro, la significatividad se expresa ante todo en la eclesialidad del carisma, una dimensión subrayada en gran medida por el Papa Fran-

[10] JUAN PABLO II, Ex. Ap. post-sinodal *Vita consecrata*, (25 de marzo de 1996), 63.

cisco: los carismas « son dones para renovar y edificar la Iglesia. No son un patrimonio cerrado, entregado a un grupo para que lo custodie; más bien son regalos del Espíritu integrados en el cuerpo eclesial [...]. Un signo claro de la autenticidad de un carisma es su eclesialidad, su capacidad para integrarse armónicamente en la vida del santo Pueblo fiel de Dios para el bien de todos. [...] En la medida en que un carisma dirija mejor su mirada al corazón del Evangelio, más eclesial será su ejercicio » [11].

Hay dos aspectos que cabe destacar. Los carismas no son un patrimonio cerrado; signo auténtico de su eclesialidad es « la capacidad para integrarse armónicamente en la vida del Pueblo de Dios » [12].

Mantener vivos los carismas implica vigilar sobre la eclesialidad del don: ¡un carisma se renueva en el tiempo para poder contribuir en la edificación de la Iglesia! [13].

29. « La misión de la vida consagrada es universal y la de muchos Institutos abarca el mundo entero; sin embargo, está encarnada

[11] FRANCISCO, Ex. Ap. *Evangelii gaudium* (24 de noviembre de 2013), 130.

[12] *Ibíd.*

[13] Cf. *Ibíd.*, 130-131.

en realidades locales que son específicas»[14]. Los bienes de los Institutos de vida consagrada y de las Sociedades de vida apostólica no tienen un significado solo dentro de una interacción con la Iglesia local, sino que su destino está abierto a las dimensiones de la universalidad de la misión de la Iglesia: de la atención a todas las formas de pobreza, a los proyectos de solidaridad en territorios de misión, sin olvidar la formación de candidatos y el cuidado de los ancianos.

La vida consagrada, aun así, forma parte con pleno derecho de la familia diocesana[15]. Es esta la razón por la cual la justa autonomía – que el Ordinario del lugar tiene la obligación de conservar y tutelar (cf. can. 586 § 2) –, no puede desatender el plan pastoral diocesano o eludir la previa consulta del Obispo, antes de proceder al cierre de obras. «Hoy más que nunca es necesario vivir la justa autonomía y la dispensa/exención en

[14] CONGREGACIÓN PARA LOS INSTITUTOS DE VIDA CONSAGRADA Y LAS SOCIEDADES DE VIDA APOSTÓLICA, Carta circ. *Líneas orientativas para la gestión de los bienes en los Institutos de vida consagradas y en las Sociedades de vida apostólica*, Roma (2 de agosto de 2014), 16, 2.1.

[15] Cf. SAGRADA CONGREGACIÓN PARA LOS RELIGIOSOS Y LOS INSTITUTOS SECULARES - SAGRADA CONGREGACIÓN PARA LOS OBISPOS, Criterios pastorales sobre relaciones entre Obispos y Religiosos en la Iglesia *Mutuae Relationes*, Roma (14 de mayo de 1978), 18.

los Institutos que la tienen, en estrecha relación con la inserción, de tal manera que la libertad carismática y la catolicidad de la vida consagrada se expresen también en el contexto de la Iglesia particular. Esta no correspondería plenamente a lo que Jesús deseó para su Iglesia, si no tuviese la vida consagrada, que forma parte de su estructura esencial, así como el laicado y el ministerio ordenado. Por este motivo, y a la luz del Concilio Vaticano II, hablamos hoy de *co-esencialidad* de los dones jerárquicos y de los dones carismáticos (cf. *L.G.* 4), que fluyen del único Espíritu de Dios y alimentan la vida de la Iglesia y su acción misionera» [16].

30. Los Obispos diocesanos, por su parte, están llamados a apreciar a las personas consagradas como « *memoria viviente del modo de existir y de actuar de Jesús* » [17], superando las valoraciones en términos de utilidad y de fun-

[16] FRANCISCO, *Discurso a los participantes en el Congreso Internacional para Vicarios Episcopales y Delegados para la vida consagrada*, Roma (28 de octubre de 2016), 1; cf. CONGREGACIÓN PARA LA DOCTRINA DE LA FE, Carta *Iuvenescit Ecclesia* sobre la relación entre los dones jerárquicos y carismáticos para la vida y misión de la Iglesia, Roma (15 de mayo de 2016), 10.

[17] JUAN PABLO II, Ex. Ap. post-sinodal *Vita consecrata* (25 de marzo de 1996), 22.

cionalidad; consiguiendo una mejor comprensión de la universalidad del servicio de los consagrados y de las consagradas y el crecimiento de la colaboración mutua. «Los Pastores están llamados a respetar, sin manipular, la pluridimensionalidad constitutiva de la Iglesia a través de la cual la Iglesia se manifiesta»[18].

Es indispensable comenzar desde una perspectiva teológica de comunión para entender completamente la apertura a la Iglesia universal y, a la vez, la necesidad y el compromiso de trabajar con la Iglesia local. Cuando la comunión no aparece como un presupuesto en cualquier relación eclesial, existe el riesgo de caer en una lógica de reivindicaciones recíprocas. Por eso es necesario promover relaciones basadas en el principio de la comunión, que se fundamenta en la *fraternidad* y en las *acciones conjuntas.*

Carismas: capacidad de integrarse

31. Fraternidad es la palabra-clave que mejor expresa la autenticidad de la vida consagrada para la edificación de la Iglesia, por-

[18] FRANCISCO, *Discurso a los participantes en el Congreso Internacional para Vicarios Episcopales y Delegados para la vida consagrada*, Roma (28 de octubre de 2016), 1.

que los carismas manifiestan su autenticidad evangélica en la fraternidad y dentro de nuestras fraternidades. La Doctrina Social de la Iglesia invita con insistencia a encontrar los modos para aplicar, en la práctica, la fraternidad como principio de nuestro orden económico. Allí donde otras líneas de pensamiento hablan solo de solidaridad, la Doctrina Social de la Iglesia habla de fraternidad, porque una sociedad fraterna es también una sociedad solidaria, mientras que no siempre lo contrario es verdad, como nos lo confirman muchas experiencias.

Fraternidad, pues es « un estilo de vida que implica capacidad de convivencia y de comunión. Jesús nos recordó que tenemos a Dios como nuestro Padre común y que eso nos hace hermanos. El amor fraterno sólo puede ser gratuito, nunca puede ser un pago por lo que otro realice ni un anticipo por lo que esperamos que haga »[19]. En este sentido « hace falta volver a sentir que nos necesitamos unos a otros, que tenemos una responsabilidad por los demás y por el mundo »[20].

Responsabilidad significa entrar además en la lógica de una nueva cultura de gestión

[19] FRANCISCO, Carta Enc. *Laudato si'* (24 de mayo de 2015), 228.

[20] *Ibíd.*, 229.

que respeta y valora los ámbitos de la Iglesia local.

Una cultura que se activa mediante el diálogo compartido y la elaboración de criterios de protección y promoción de un patrimonio eclesial que va más allá de los bienes inmuebles e incluye experiencias, conocimientos, competencias y profesionalidad que han marcado con calidad el pasado y el presente de obras pequeñas o grandes; una historia que ha interpretado las necesidades y las exigencias de las Iglesias locales.

32. En la actualidad ya no se puede pensar individualmente, como si los problemas creados por la gestión de las obras fueran un problema exclusivo de los Institutos de vida consagrada y de las Sociedades de vida apostólica. Aquí se evidencia una situación históricamente comprensible: casi siempre se ha razonado en términos de "nuestras" obras y las Iglesias locales siempre las han considerado como "obras de los Religiosos".

En el contexto eclesial actual se requiere un cambio de mentalidad real: el compromiso de pensar, junto con otros sujetos eclesiales, en posibles soluciones que garanticen una significatividad eclesial a nuestras obras, más allá del problema concreto de la continuidad en la gestión y de esto se desprende que el camino de conversión es un itinerario de comunión. El futuro de las obras nos incumbe como Iglesia y debemos afrontarlo como tal.

La capacidad de integrarse en la Iglesia está en el origen mimo de las obras que no han nacido para responder a proyectos ajenos a las necesidades de la gente. Actualmente, el problema de la integración se traduce en *hacer juntos*: « Ella inspira a colaborar, compartir, preparar el camino a relaciones reguladas por un sentido común de responsabilidad. Este camino abre el campo a nuevas estrategias, nuevos estilos, nuevas actitudes [...]. "hacer juntos" quiere decir, en efecto, plantear el trabajo no a partir del genio solitario de un individuo, sino a partir de la colaboración de muchos. Significa, en otros términos, "hacer red" para valorizar los dones de todos, pero sin descuidar la unicidad irrepetible de cada uno. [...] y quiere decir dar pasos valientes para que "encontrarse y estar juntos" no sea sólo un *eslogan*, sino un programa para el presente y el futuro » [21]. Esta invitación a la colaboración vale también para los Institutos de vida consagrada y las Socie-

[21] FRANCISCO, *Discurso a la Confederación General de la Industria Italiana (Confindustria)*, Roma (27 de febrero de 2016).

dades de vida apostólica que están llamados a «salir con más valor de los confines del propio Instituto para desarrollar juntos, en el ámbito local y global, proyectos comunes de formación, evangelización e intervenciones sociales»[22].

33. *Hacer juntos* supone también coordinar y compartir, a nivel de proyección y gestión, mentalidad, cultura y praxis que, si se realizasen seriamente, podrían garantizar la continuidad a una gran cantidad de obras, así como su eficacia evangélica y sostenibilidad económica. La eficacia revela el Evangelio de la caridad; la sostenibilidad, una Iglesia que crea una red de solidaridad para promover la calidad y la fiabilidad de los servicios.

Una red de solidaridad que se mantiene no solo gracias a la cualificación de la oferta, sino sobre todo a la fiabilidad, un patrimonio de valores en los que se conjugan: *credibilidad,* cohesión y coherencia de una visión proyectual y de gestión; *profesionalidad,* atenta y abierta al aprendizaje y no solo a la eficacia/eficiencia; *experiencia,* unida también a la con-

[22] FRANCISCO, *Carta Apostólica* a todos los consagrados y consagradas con ocasión del Año de la vida consagrada, Roma (23 de noviembre de 2014), 2.

tinuidad temporal, pero sobre todo a la innovación y a la creatividad.

La fiabilidad rediseña la jerarquía de preferencias y, por lo tanto, de prioridades de reconocimiento y de relacionalidad. Actualmente debemos invertir más en una cultura de las relaciones eclesiales, conscientes de que la pluralidad de sujetos está más presente en nuestras situaciones que lo que nosotros lo estamos en la realidad de inserción.

III.

DIMENSIÓN ECONÓMICA Y MISIÓN

La sostenibilidad de las obras

34. «El desafío urgente de proteger nuestra casa común incluye la preocupación de unir a toda la familia humana en la búsqueda de un desarrollo sostenible e integral, pues sabemos que las cosas pueden cambiar»[1]. En el contexto histórico actual los Institutos de vida consagrada y las Sociedades de vida apostólica aceptan los retos que nuestra época plantea, individuando respuestas proféticas para un desarrollo económico y humano que sea atento y respetuoso. Las necesidades que han cambiado y los contextos culturales, sociales y normativos exigen a menudo abandonar por un lado modalidades operativas que resultan ser inadecuadas y por otro un

[1] FRANCISCO, Carta Enc. *Laudato si'* (24 de mayo de 2015), 13.

enfoque audaz y creativo para «repensar los objetivos, las estructuras y el estilo»[2].

En el mensaje dirigido a los participantes en el II Simposio organizado por la Congregación para los Institutos de vida consagrada y las Sociedades de vida apostólica, el Papa Francisco recordaba que «ser fiel nos compromete en una trabajo asiduo de discernimiento para que las obras, coherentes con el carisma, sigan siendo medios eficaces para que llegue a muchos la ternura de Dios. [...] Ser fieles al carisma a menudo requiere un acto de valentía: no se trata de vender todo o de ceder todas las obras, sino de discernir seriamente [...] el discernimiento podrá sugerir mantener en vida una obra viva que produce pérdidas, teniendo cuidado de que no se generen por la incapacidad o la incompetencia»[3].

Para valorar la sostenibilidad de las obras es necesario adoptar un método que considere todos los aspectos e interrelaciones posibles, teniendo en cuenta de manera unitaria

[2] FRANCISCO, Ex. Ap. *Evangelii gaudium* (24 de noviembre de 2013), 33.

[3] FRANCISCO, *Mensaje a los participantes en el segundo simposio internacional sobre el tema: "En fidelidad al carisma respensar la economía de los Institutos de vida consagrada y las Sociedades de vida apostólica"*, Roma (25 de noviembre de 2016).

las dimensiones carismática, relacional y económica, tanto de cada obra como del conjunto del Instituto.

35. *Dimensión carismática y proyectualidad.* «Resulta, entonces, necesario emprender una relectura de la misión en función del carisma, verificando si la identidad carismática de las instancias fundacionales emerge en las características de las respuestas operativas [...] En efecto, puede ocurrir, que se sigan gestionando obras que han dejado de estar en línea con la actual expresión de la misión e inmuebles que ya no responden a las obras que son expresión del carisma»[4]. Es necesario definir qué «obras y actividades llevar adelante, cuáles eliminar o modificar y en qué nuevas fronteras iniciar recorridos de desarrollo y de testimonio de la misión en respuesta a las necesidades de hoy y en total fidelidad a su carisma fundacional»[5].

Hay que superar la mentalidad que considera opuestas la proyección y planificación

[4] CONGREGACIÓN PARA LOS INSTITUTOS DE VIDA CONSAGRADA Y LAS SOCIEDADES DE VIDA APOSTÓLICA, Carta circ. *Líneas orientativas para la gestión de los bienes en los Institutos de vida consagrada y en las Sociedades de vida apostólica* Roma (2 de agosto de 2014), 8, 1.1.

[5] *Ibíd.*

de actividades y obras con la apertura a la novedad del Espíritu. Al contrario, muchas de las intuiciones no llegan a ver la luz porque no están sustentadas por un proyecto y/o una planificación: los fines no están definidos, no se han seleccionado los modos de realización ni se ha comprobado la compatibilidad económico-financiera. Todo esto puede crear una desavenencia entre ideales y factibilidad, entre misión y economía, llevando a formular juicios y valoraciones incorrectos y a adoptar medidas que no son eficaces.

La necesidad de proyectar y planificar no puede de ninguna manera, interpretarse como una reducción de ideales, como un límite a la creatividad, como una falta de confianza en la Providencia. Por el contrario, allí donde se reconoce la finalidad carismática, la economía se pone al servicio de la profecía en un proyecto concreto y eficaz.

36. *Dimensión relacional y fraternidad.* Como ya se ha dicho anteriormente, es indispensable redescubrir una economía que tenga un rostro humano, una economía que ponga siempre en el centro al hombre y a su verdadero bien. La atención en poner en el centro la dignidad de cada persona humana y el bien común[6], reclama la necesidad de relaciones positivas. En la riqueza de las relaciones, que constituyen la fraternidad, las personas consagradas experimentan que la misión está constituida por personas dispuestas a compartir la vida y la fe, a hacer experiencia de comunión y de colaboración. Y así, las relaciones fraternas, fundadas en el aprecio sincero y en la confianza recíproca, son recursos preciosos para la gestión.

De esta manera, las obras estarán gestionadas con un espíritu de apertura, de comunión y de corresponsabilidad, incluso cuando la custodia se deba confiar a pocos consagrados y consagradas. En ciertas ocasiones, por el contrario, éstas se confían a la responsabilidad de individuos, sin planear para ellos momentos sistemáticos de cotejo y comprobación. De esta manera se puede llegar a una personalización de la gestión, aunque sea involuntaria, basada en los propios talentos, peculiaridad y sensibilidad, limitando así la búsqueda de modalidades de respuesta a las distintas situaciones concretas. A menudo ocurre que no nos preocupamos de la forma-

[6] Cf. FRANCISCO, Es. Ap. *Evangelii gaudium* (24 de noviembre de 2013), 203.

ción de personas que puedan hacerse cargo de una justa continuidad de la obra.

La proyección y/o la planificación, movida por la escucha recíproca, permite una visión de conjunto de las obras y de las respuestas a las necesidades, ofrece la posibilidad de superar los impulsos hacia la auto-referencialidad, de superar las divisiones y las diferencias, buscando soluciones ventajosas, enriquecedoras para todos y compartidas. Hay que disociarse de la ideología del *homo oeconomicus*, insaciable en su deseo de poseer bienes, cuyas opciones están determinadas por la maximización del interés personal, y retomar el desafío del *homo fraternus*, que no se cansa nunca de elegir la fraternidad[7].

37. *Carismas y dimensión económica.* El equilibrio económico-financiero de las actividades de los Institutos de vida consagrada y de las Sociedades de vida apostólica no puede ser el único criterio en el que apoyarse para un discernimiento sobre la sostenibilidad de las obras. Sin embargo, cabe recordar que no existe una contradicción entre carisma y gestión de bienes. Gestionar siguiendo criterios económicos no asfixia al carisma, sino que

[7] Cf. *Ibíd.*, 91.

permite buscar y conseguir objetivos compartidos. Asegurar la continuidad y la vitalidad del carisma supone no actuar con superficialidad e incompetencia. La experiencia del Dicasterio muestra que allá donde no se presta suficiente atención a los problemas relativos a la gestión, éstos terminan por frustrar la propia misión.

La vida consagrada ofrece un testimonio evangélico al mundo cuando mantiene vivo el impulso apostólico y garantiza la sostenibilidad de las obras mediante una gestión consciente y equilibrada.

El patrimonio estable

38. Para una gestión ordenada y previsora se debe realizar un reconocimiento general de los bienes del Instituto, sin eludir las normas dictadas por el derecho canónico destinadas a garantizar la subsistencia del Instituto y a facilitar la realización de sus fines institucionales (denominado *patrimonio estable*). De ahí la oportunidad de adoptar con apremio iniciativas adecuadas para la realización del inventario de bienes adscritos al patrimonio estable y de suscribir las escrituras de adjudicación, en caso de no haberlo hecho previamente.

Para este fin el derecho propio de cada Instituto está llamado a establecer la autoridad competente para que proceda al acto de asignación a través de una resolución específica. Esta disposición ha de resultar en el código fundamental o en otro documento normativo del derecho propio, con el siguiente texto u otro de contenido similar: *El patrimonio estable está constituido por todos los bienes inmuebles y muebles que por legítima asignación están destinados a garantizar la seguridad económica del Instituto. Para los bienes de todo el Instituto, esta asignación la hace el Capítulo General o el Superior General con el consentimiento de su Consejo. Para los bienes de una Provincia, como también para los bienes de una casa legítimamente erigida, esta asignación la hace el Capítulo Provincial u otras asambleas similares (cf. can. 632), o el Superior Provincial con el consentimiento de su Consejo y la confirmación del Superior General.*

39. El patrimonio estable compuesto por bienes, inmuebles o muebles, garantiza la subsistencia del Instituto, de las Provincias y de las casas legítimamente erigidas y de sus miembros y asegura la realización de su misión. El atributo estable se entiende como garantía que no puede desatender la coherencia con « un fin correspondiente a la misión de la Iglesia» (can. 114 §§ 1-2) y a la misión específica de los Institutos de vida consagrada y las Sociedades de vida apostólica[8].

Se pueden inscribir legítimamente en el patrimonio estable:

a) bienes inmuebles, como por ejemplo, los lugares de desarrollo de actividades, de vivienda de la comunidad, de asistencia a los miembros ancianos o enfermos, los bienes particularmente relevantes desde el punto de vista histórico-artístico, o que forman parte de las raíces o de la memoria del Instituto mismo, como la casa madre. La amplitud de estos bienes debe ser proporcional a la capacidad de gestión del Instituto, de la Provincia o de la casa religiosa;

b) los bienes inmuebles que sirven para la subsistencia del Instituto, de la Provincia o de la casa religiosa. Se trata de los llamados bienes a renta, constituidos para permitir a la persona jurídica su propia subsistencia o una suma adicional a las entradas ordinarias. En estos casos, hay que evitar tanto que estos bienes se conviertan en el motivo por el que existe la persona jurídica como que se acumulen;

[8] Cf. JUAN PABLO II, Ex. Ap. post-sinodal *Vita consecrata* (25 de marzo de 1996), 4; 72.

c) los bienes muebles que sirven para la subsistencia del Instituto, de la Provincia o de la casa religiosa y para la realización de las actividades correspondientes. Estos bienes quedan inmovilizados y se inscriben legítimamente en el patrimonio estable. No se trata de bienes que sirven para la gestión económica ordinaria, sino de bienes muebles capitalizados e invertidos en las distintas formas del sistema financiero, según las indicaciones del § 84;

d) los bienes inmuebles y muebles que, insignes por su historia, arte y preciosidad, constituyen los llamados bienes culturales, memoria histórica del Instituto, de la Provincia o de la casa religiosa. Estos bienes pueden representar una dote, pero también un compromiso económico por exigencias de protección y mantenimiento;

e) el fondo de protección y seguridad, que se debe determinar en proporción a las obras del Instituto, de la Provincia o de la casa religiosa, necesarios para proteger el Instituto ante actividades articuladas que lo puedan exponer a riesgos económicos relevantes (conocido como *fondo de seguridad*).

40. En la elección de los bienes que se quieren introducir en el patrimonio estable es necesario considerar cuales son los bienes sin los que la persona jurídica no tendría los medios para conseguir su propio fin, así como establecer la entidad de dichos bienes según la naturaleza, los fines y las exigencias de la propia persona jurídica. Hay que tener en cuenta que determinados bienes son, por su naturaleza, indisponibles, so pena de disgregación de la propia persona jurídica, y que no es lícito no proceder a la inscripción del patrimonio estable con el único objetivo de eludir lo prescrito por la ley canónica sobre alienación. La constitución de dicho patrimonio sirve para proteger y garantizar los propios bienes.

Para una gestión adecuada de los bienes inscritos en el patrimonio estable, se debe redactar un inventario preciso del patrimonio inmobiliario del Instituto, de la Provincia o de la casa religiosa, especificando los datos catastrales, la proveniencia de los inmuebles, la presencia de posibles restricciones, la consistencia de los bienes y de su estado de mantenimiento. Es más que oportuno revisar periódicamente las modalidades de concesión a terceros de inmuebles o parte de ellos; es útil conservar una lista concreta de los bienes inmuebles y muebles insignes por su historia, arte o valor; y, por último, siempre es necesario vigilar que la gestión de bienes inscritos en el patrimonio estable siga correspondiendo a la misión del Instituto, para que éste no se vea sobrecargado de un patrimonio o de actividades que no encajen con el patrimonio y las actividades institucionales. En esta línea estable no es sinónimo de blindado. La aceleración inevitable de los sistemas económico-financieros sugiere someter a una valoración periódica (según los plazos que se consideren más eficaces) cada uno de los bienes inscritos en el patrimonio.

Responsabilidad, transparencia y confianza

41. La responsabilidad, la transparencia y la salvaguardia de la confianza son principios inclusivos: no hay responsabilidad sin trasparencia, la trasparencia engendra confianza, la confianza supone sea una que otra.

La responsabilidad es el principio de toma de conciencia que orienta la misión evangelizadora con relación a los bienes de la Iglesia.

La toma de conciencia de los factores en juego marca las condiciones esenciales para tomar decisiones con un objetivo y, posiblemente, perfeccionarlas o incluso modificarlas de forma radical. Más en concreto, la detección contable, atenta y oportuna, de los efectos de la gestión permite llevar a cabo las intervenciones de corrección necesarias antes que se produzcan situaciones negativas irreversibles. Por el contrario, una actuación económica que no se controla adecuadamente malgasta recursos, contradiciendo las indicaciones fundamentales de la Iglesia sobre el uso de los bienes, sin olvidar que, en efecto, están destinados, en última instancia, al bien común que «exige ser servido plenamente, no según visiones reductivas subordinadas a las ventajas que cada uno puede obtener, sino en base a una lógica que asume en toda su amplitud la correlativa responsabilidad»[9].

Una responsabilidad, ante todo, para con la comunidad civil y eclesial y, sobre todo, para con el propio Instituto. Se trata, pues, de una responsabilidad que implica, por una parte a quién se debe responder y, por otra, la capacidad de motivar con coherencia las propias opciones de gestión. De la responsabilidad deriva, cuando menos, la exigencia de vigilancia y de control. La vigilancia y el control no hay que entenderlos como una limitación a la autonomía del ente o como falta de confianza; son más bien un servicio a la co-

[9] PONTIFICIO CONSEJO "JUSTICIA Y PAZ", *Compendio de la Doctrina Social de la Iglesia*, Roma (2 de abril de 2004), 167.

munión y a la transparencia y sirven también para tutelar a quienes desempeñan delicadas tareas de administración [10].

42. Si nos limitamos a lo expuesto anteriormente, el término "transparencia" identifica la capacidad de dar cuenta de las actividades, de las opciones tomadas y de los resultados conseguidos. Informes y balances, instrumentos de transparencia, permiten tener un cuadro sintético, pero al mismo tiempo riguroso de las actividades desarrolladas y de sus resultados favoreciendo en los administradores la actitud de rendir cuentas de sus acciones, de sus decisiones y, en ámbito más general, de su propio comportamiento. Rendir cuentas favorece, asimismo, la prudencia en la administración de los bienes. Así, pues, cuanto mayor es la toma de conciencia, mayor es la precisión en la identificación de riesgos y, si fuera el caso, en los nuevos caminos que emprender.

En esta perspectiva se puede entender bien la correlación intrínseca entre responsabilidad y transparencia. El énfasis no tie-

[10] Cf. Congregación para los Institutos de vida Consagrada y las Sociedades de vida apostólica, Carta circ. *Líneas orientativas para la gestión de los bienes en los Institutos de vida consagrada y en las Sociedades de vida apostólica*, Roma (2 de agosto de 2014), 10, 1.2.

ne que ver únicamente con las responsabilidades del cargo (superiores, ecónomos-administradores, colaboradores) sino – tal y como se apuntaba anteriormente con la capacidad de comprobación de las razones/motivaciones que orientan las decisiones de administración-gestión y el compromiso correspondiente a la hora de ofrecer una respuesta a los problemas o inconvenientes que surjan.

Las reglas de transparencia, como bien es sabido, están impuestas e impregnadas cada vez más por las leyes civiles, como garantía de corrección y legalidad de las acciones de cualquier sujeto, así como de la sostenibilidad económica de las obras del Instituto. Cabe añadir que estas reglas van siendo cada vez más complejas y penetrantes. Por esa razón constituye un deber dotarse de competencias profesionales y de procedimientos adecuados, no solo a nivel de cada unidad operativa, sino también cuando se trate de estructuras articuladas en ámbito nacional e internacional.

43. Los informes y los balances contribuyen a incrementar la credibilidad del sujeto que los lleva a cabo y, por lo tanto, ayudan a aumentar la confianza. «Sin reglas no puede haber confianza»[11], ya que la confianza se genera gracias a reglas que identifican la responsabilidad y comprueban la transparencia. El capital de confianza no se puede ver comprometido por situaciones o eventos que debiliten en la comunidad civil y eclesial la credibilidad de los Institutos de vida consagrada y las Sociedades de vida apostólica, ya que, sin ella, el propio testimonio personal y colectivo de la pobreza consagrada se vuelve "problemático". Así, pues, una cultura y una praxis de la transparencia no pueden disociarse de la fidelidad a la historia y la tradición carismática propia sobre el voto de pobreza ni de una equilibrada normativa sobre la dependencia, limitación del uso y disposición de los bienes (cf. can. 600). La relación entre reconocimiento de confianza y adopción de instrumentos de presentación de informes y balances se comprueba en la experiencia común: cuanto más crece la transparencia en la gestión, más aumentan las posibilidades y la disponibilidad de recursos, tanto públicos como privados.

[11] PONTIFICIO CONSEJO "JUSTICIA Y PAZ", *Nota de la Santa Sede sobre la financiación del desarrollo en vísperas de la Conferencia promovida por la Asamblea General de las Naciones Unidas en Doha* (18 de noviembre de 2008), 3c.

El archivo

44. El Código de derecho canónico, en los cánones 1283 y 1284, insta a una conservación ordenada del Archivo y prescribe, para una eficiente organización administrativa y contable, la redacción y la actualización constante del inventario de los bienes y de los valores recibidos en depósito, una catalogación minuciosa y la conservación de los documentos, sobre todo de las escrituras contables y de los contratos de seguros. Los archivos, si están bien gestionados, constituyen un instrumento útil de comprobación de las iniciativas emprendidas a corto, medio y largo plazo, para ello es necesario fijar criterios de adquisición de los actos, ordenarlos de manera orgánica y diferenciarlos tipológicamente. Es preciso recalcar a todos los administradores de bienes eclesiásticos su responsabilidad con referencia a la tutela de la documentación según las disposiciones canónicas.

Los bienes deben ser inventariados también después de una adquisición, construcción, donación o cualquier otro acto o transacción que produzca ingresos en el patrimonio de bienes, variación o salida. Deben conservarse en particular todos los documentos que demuestren la titularidad jurídica de los inmuebles y de los muebles. La documentación propia de un economato permite conocer los procedimientos administrativos de un Instituto; realizar una programación adecuada, teniendo en cuenta los recursos; demostrar los derechos en caso de litigios; actuar con transparencia administrativa; conservar la memoria histórica y estudiar la manera en que el carisma se ha realizado en el tiempo. En este sentido, en el ámbito de los archivos eclesiásticos, en ocasiones hay que adquirir todavía, allá donde sea posible, una mentalidad congruente sobre la gestión que sea conforme a las tecnologías modernas. Valiéndose de tales tecnologías, es además oportuno conservar en otro lugar protegido la copia de los documentos de valor relevante, con el objetivo de no perder toda la documentación en caso de siniestro[12].

Los cuatro principios de *Evangelii gaudium*

45. A la luz de los criterios que el papa Francisco ha ofrecido a toda la Iglesia en la Exhortación apostólica *Evangelii gaudium*, es posible detectar unas indicaciones acerca de

[12] Cf. Pontificia Comisión para los Bienes Culturales de la Iglesia, *La función pastoral de los archivos eclesiásticos*, Ciudad del Vaticano (2 de febrero de 1997).

una gestión inspirada en los carismas de los Institutos de vida consagrada y de las Sociedades de vida apostólica y que «orientan específicamente el desarrollo de la convivencia social y la construcción de un pueblo donde las diferencias se armonicen en un proyecto común»[13].

46. *El tiempo es superior al espacio*[14]. «Iniciar procesos»[15]: el Santo Padre nos insta a menudo a ello. La vida consagrada está llamada a iniciar procesos, está llamada a una nueva proyectualidad. «Durante muchos años hemos tenido la tentación de creer, y tantos hemos crecido con la idea de que las familias religiosas debían poseer espacios más que iniciar procesos. Y esta es una tentación. Tenemos que iniciar procesos, no poseer espacios»[16]. Así que una primera característica de todas las expresiones que nacen de los carismas es que parten de una motivación que no es en primer lugar económica, que no entiende simplemente ocupar espacios de poder,

[13] FRANCISCO, Ex. Ap. *Evangelii gaudium* (24 de noviembre de 2013), 221.

[14] *Ibíd.*, 225.

[15] FRANCISCO, *Discurso a los sacerdotes y a los consagrados con ocasión de la Visita pastoral a la ciudad de Milán*, Milano (23 de marzo de 2017).

[16] *Ibíd.*

sino que nace como expresión de un ideal, de una amplitud de miras, capaz de comprender las necesidades de los hombres y de las mujeres, especialmente de los más frágiles y de los más pequeños y de concretarlas por medio de una mentalidad proyectual. Si los carismas que irrumpen en la historia representan un proceso de cambio espiritual, humano, económico y civil, hay que considerar que este proceso se da por medio de la realidad que cada carisma rezuma y en periodos largos.

Se trata de privilegiar y de acompañar con paciencia el comienzo de procesos, de tener amplitud de miras, con visión de futuro prescindiendo de los resultados inmediatos, a los que podrían llevarnos el sentido de responsabilidad y las mejores intenciones. En la encíclica *Lumen fidei* leemos que « el espacio cristaliza los procesos; el tiempo, en cambio, proyecta hacia el futuro e impulsa a caminar con esperanza » [17].

47. *La realidad es más importante que la idea*[18]. « Hoy la realidad nos interpela – repito – la realidad nos invita a ser de nuevo

[17] FRANCISCO, Carta Enc. *Lumen fidei* (29 de junio de 2013), 57.

[18] FRANCISCO, Ex. Ap. *Evangelii gaudium* (24 de noviembre de 2013), 231-233.

como levadura en la masa, un poco de sal. [...] Una minoría bendecida, que está invitada nuevamente a subir, a subir en línea con lo que el Espíritu Santo ha inspirado en los corazones de vuestros fundadores, y en el corazón de vosotros mismos. Es lo que hace falta hoy»[19].

El Papa Francisco reitera con fuerza y eficacia el prevalecer de la realidad. La idea es fruto de una elaboración que corre siempre el riesgo de caer en el sofisma, apartándose de lo real. A veces también nuestros Institutos corren el riesgo de formular propuestas lógicas y claras, documentos quizás atractivos, pero que se apartan de nuestra realidad y de las personas hacia quienes se nos invita a ir. Y sucede que, a veces, nos dejamos deslumbrar por la novedad de las iniciativas, de los contenedores y olvidamos que el cambio más importante depende de nosotros, de nuestra voluntad y capacidad de realizarlo. La lógica de la encarnación (*1Jn* 4,2) es el criterio guía de este principio.

Las obras de nuestros Institutos nacen de la escucha de Dios para responder a las necesidades de personas concretas, no nacen de

[19] FRANCISCO, *Discurso a los sacerdotes y consagrados con ocasión de la Visita pastoral a la ciudad de Milán*, Milano (23 de marzo de 2017).

diseños abstractos decididos alrededor de la mesa, sino como respuesta concreta a las necesidades de personas reales, de quienes conocemos la vida, la historia, las dificultades. En particular, cuando releemos los orígenes históricos de los Institutos de vida consagrada y de las Sociedades de vida apostólica se comprende lo imprescindible que es la relación entre inspiración del carisma y acogida de los últimos, de los pobres y de los excluidos.

La vida consagrada está llamada a responder también hoy a los interrogantes que la historia le plantea. Y a menudo esto acontece con experiencias sencillas: escuchamos la vida de la que nacen las intuiciones y que siempre tienen una carga de verdad, para luego llevar a cabo nuestros proyectos. La vida nos precede siempre, y es la vida "escuchada y respetada", con la nota de la humildad.

48. *El todo es superior a la parte*[20]. Estamos llamados a ampliar la mirada para reconocer siempre el bien mayor. La vida consagrada no puede encerrarse en sí misma, no debe obsesionarse por cuestiones limitadas y particulares, ha de reconocer el bien mayor que nos beneficiará a todos.

[20] *Ibíd.*, 234-237.

Este principio hay que entenderlo según la imagen del poliedro que compone las diferencias. Éstas piden ser sostenidas por una cultura del diálogo como camino fatigoso en busca del interés general: estamos invitados a tejer lazos y relaciones para articular aquello que no es homogéneo a diferentes niveles (de lo local a lo global) y en distintos ámbitos (de lo material a lo espiritual). Esto significa aprender a trabajar juntos, entre comunidades, entre Institutos y Congregaciones, con los laicos, con todos aquellos que buscan el bien.

La vida consagrada puede ayudar a las Iglesias locales a abrirse al dinamismo de la universalidad y al mismo tiempo a abrirse al respiro de la Iglesia local donde vive y donde realiza su apostolado, evitando caer en la tentación que «la parte (nuestra pequeña parte o visión del mundo) pueda ser superior al todo eclesial»[21].

49. *La unidad prevalece sobre el conflicto, sobre la diversidad*[22]. Estamos llamados a aceptar los conflictos, a hacernos cargo de ellos sin lavar-

[21] FRANCISCO, *Discurso a los sacerdotes y consagrados con ocasión de la Visita pastoral a la ciudad de Milán*, Milano (23 de marzo de 2017).

[22] FRANCISCO, Ex. Ap. *Evangelii gaudium* (24 de noviembre de 2013), 223-230.

nos las manos, sin quedarnos entrampados, para transformarlos en nuevos procesos que prevean la comunión aún en las diferencias, que hay que acoger como tales. «Además, la comunión consiste también en afrontar juntos y unidos las cuestiones más importantes, como la vida, la familia, la paz, la lucha contra la pobreza en todas sus formas, la libertad religiosa y de educación. En particular, los movimientos y las comunidades están llamados a colaborar para contribuir a sanar las heridas producidas por una mentalidad globalizada, que pone en el centro el consumo, olvidando a Dios y los valores esenciales de la existencia»[23].

La solidaridad, entendida en su significado más profundo y desafiante, se convierte así en un estilo de construcción de la historia, un ámbito vital donde los conflictos, las tensiones y los opuestos pueden conseguir una unidad plural que engendra nueva vida. No significa aspirar al sincretismo y tampoco a la absorción del uno en el otro, sino a la resolución a un nivel superior que guarda en sí las preciosas potencialidades de las polaridades en contraste.

[23] FRANCISCO, *Discurso* a los participantes en el III Congreso mundial de los movimientos eclesiales y las nuevas comunidades, Roma (22 de noviembre de 2014).

IV.
INDICACIONES OPERATIVAS

50. En la administración de los bienes y en la gestión de las obras el discernimiento «apunta a la dirección, los propósitos, el significado y las implicaciones sociales y eclesiales de las opciones económicas de los institutos de vida consagrada»[1]. Desde esta perspectiva, se han considerado los horizontes de lectura de la realidad y algunos criterios fundamentales para esta tarea de discernimiento.

Los grandes horizontes en los que se insertan las actividades económicas son: una economía que cuente con el hombre, todo el hombre y, en particular, los pobres; la lectura de la economía como instrumento de la acción misionera de la Iglesia; y, por último, una economía evangélica de intercambio y de comunión.

Estos horizontes se concretan en algunos criterios fundamentales.

[1] FRANCISCO, *Mensaje a los participantes en el segundo simposio internacional sobre el tema: "En fidelidad al carisma, repensar la economía de los Institutos de vida consagrada y de las Sociedades de vida apostólica"*, Roma (25 de noviembre de 2016).

51. *La fidelidad a Dios y al Evangelio.* Toda vida consagrada pone la primacía en Dios, en la *sequela Christi*. Cada consagrado y consagrada tiene que fijarse, ante todo, en Él, aprender de Él, imitarle, seguirle, casto, pobre y obediente, para ser fieles anunciadores de la Buena Noticia. Por ello es indispensable el «don de la escucha: escucha de Dios, hasta escuchar con Él el clamor del pueblo; escucha del pueblo, hasta respirar en él la voluntad a la que Dios nos llama»[2].

La fidelidad al carisma. Cada carisma «es siempre una realidad viva» llamada a «desarrollarse en fidelidad creativa»[3]. La fidelidad al carisma es, pues, la coherencia de las opciones operativas en un determinado contexto con las características de la identidad del Instituto.

La pobreza. Una «austeridad responsable»[4], una «sana humildad y una feliz sobriedad»[5] favorece el desapego de un concepto

[2] FRANCISCO, *Discurso durante la Vigilia de oración en preparación del Sínodo sobre la familia*, Roma (4 de octubre de 2014).

[3] FRANCISCO, *Mensaje a los participantes en el segundo simposio internacional sobre el tema: "En fidelidad al carisma, repensar la economía de los Institutos de vida consagrada y de las Sociedades de vida apostólica"*, Roma (25 de noviembre de 2016).

[4] *Ibíd.*

[5] *Ibíd.*

de propiedad de los bienes y generan una particular disponibilidad a escuchar «el clamor de los pobres, de los pobres de todos los tiempos y los nuevos pobres»[6].

El respecto de la naturaleza eclesiástica de los bienes. Los bienes de los Institutos de vida consagrada y de las Sociedades de vida apostólica son bienes eclesiásticos (can. 634 § 1) destinados a alcanzar los fines propios de la Iglesia (can. 1254). Los Institutos, en el uso de los bienes, están llamados a salvaguardar su naturaleza y a observar la disciplina canónica respectiva.

La sostenibilidad de las obras. Las obras de los Institutos no son ajenas al contexto social y económico de inserción. Una obra es, por tanto, sostenible cuando mantiene un justo equilibrio económico y valora los recursos disponibles de forma adecuada.

La necesidad de rendir cuentas. Rendir cuentas es una actitud que consiste en compartir las opciones, las acciones y los resultados. La legítima autonomía de los Institutos va unida a la responsabilidad en las opciones de gestión y en las modalidades de su actuación, rindiendo cuentas según lo establecido en el derecho universal y propio.

[6] *Ibíd.*

52. En las situaciones concretas los criterios para el discernimiento se declinan con las especificidades y las *sanas tradiciones* de cada Instituto, y las peculiaridades del *contexto jurídico y social* respectivo.

Las dimensiones y las estructuras organizativas, la naturaleza de las actividades desarrolladas, el ámbito territorial de operatividad, las disciplinas legislativas aplicables y los modelos de relación entre Estado e Iglesia son elementos que distinguen, en ocasiones de manera significativa, a cada Instituto de vida consagrada y a las Sociedades de vida apostólica entre ellos. Se debe pues tener en cuenta dichas diferencias, no como exención de los criterios fundamentales, sino para permitir que dichos criterios se concreticen puntualmente en las distintas situaciones.

53. En el marco específico de la gestión de bienes, son de particular importancia las estructuras organizativas de cada uno de los Institutos de vida consagrada y las Sociedades de vida apostólica. Si los Institutos poseen de forma ordinaria los bienes necesarios para la vida de las comunidades, en lo que se refiere a las obras existen modelos muy distintos, en la mayoría de los casos justificados por las diferentes modalidades de relaciones entre Estado e Iglesia, por las peculiaridades de los sectores operativos y por la envergadura de las actividades. Así, pues, mientras en algunos casos las obras son propiedad de los Institutos de vida consagrada o de las Sociedades de vida apostólica, en otros, éstos actúan utilizando diversos entes jurídicos, a menudo organizados en forma de fundación o de sociedad.

54. En ningún caso se puede eludir la aplicación de las *leyes civiles* aplicables a cada Instituto de vida consagrada y a las Sociedades de vida apostólica o a sus Provincias o partes del Instituto equiparadas a ellas (cf. can. 620). La referencia que el derecho canónico hace a las leyes civiles que regulan los contratos (can. 1290), así como el recurso a instrumentos de acuerdos entre Estado e Iglesia refuerzan el cumplimiento de las leyes civiles con los mismos efectos en el derecho canónico (can. 22).

La necesidad de proteger los criterios fundamentales y la exigencia de considerar cada una de las dimensiones sugieren indicaciones operativas, en parte comunes y en parte diferenciadas, para respetar las características particulares de los contextos y de los destinatarios.

El gobierno de la economía

55. Derecho universal y derecho propio

Los bienes temporales de los institutos religiosos, al ser bienes eclesiásticos, se rigen por las prescripciones del Libro V, *Los bienes temporales de la Iglesia*, a no ser que se establezca expresamente otra cosa (cf. can. 635 § 1).

La administración de los bienes temporales, además de regirse por el Libro V del Código de derecho canónico, se rige también por las prescripciones de los cánones 634-640 para los Institutos religiosos, del can. 718 para los Institutos Seculares, del can. 741 para las Sociedades de vida apostólica.

Cada Instituto de vida consagrada y Sociedad de vida apostólica establezca normas convenientes sobre el uso y la administración de los bienes (cf. can. 635).

56. El Romano Pontífice

«En virtud de su primado de régimen, el Romano Pontífice es el administrador y distribuidor supremo de todos los bienes eclesiásticos» (can. 1273) y ejerce sobre ellos la potestad jurisdiccional que le corresponde como suprema autoridad de la Iglesia. Ese poder de intervención encuentra su fundamento no en la propiedad de los bienes eclesiásticos, sino en la función del Sumo Pontífice que consiste en velar por el gobierno supremo de la Iglesia[7].

57. La Congregación para los Institutos de vida consagrada y las Sociedades de vida apostólica

La Congregación para los Institutos de vida consagrada y las Sociedades de vida apostólica « resuelve todo aquello que, de acuerdo con el derecho, corresponde a la Santa Sede respecto a la vida y la actividad de los institutos y sociedades, especialmente respecto a la aprobación de las constituciones, el régimen y el apostolado, la aceptación y formación de los miembros, sus derechos y obligaciones, la dispensa de los votos y la expulsión de los miembros, así como la administración de los bienes »[8].

Para las enajenaciones y los actos por los cuales la persona jurídica pública podría verse mermada, se requiere la licencia de la Santa Sede. La Congregación para los Institu-

[7] Cf. PONTIFICIO CONSEJO DE LOS TEXTOS LEGISLATIVOS, Nota, *La función de la autoridad eclesiástica sobre bienes eclesiásticos* (12 de febrero de 2004), en *Communicationes* 36 (2004), 24-32.

[8] JUAN PABLO II, Const. Ap. *Pastor Bonus* (28 de junio de 1988), 108 § 1.

tos de vida consagrada y las Sociedades de vida apostólica, en los casos previstos por el derecho (cf. can. 638 § 3), concede la licencia sin asumir, no obstante, las posibles responsabilidades económicas. La licencia garantiza que el negocio « *es de acuerdo con las finalidades del patrimonio eclesiástico.* La responsabilidad que se desprende de su intervención se refiere exclusivamente al recto ejercicio de la potestad de la Iglesia. *La licencia, por tanto, de la que ahora se trata no es un acto de dominio patrimonial, sino de potestad administrativa* dirigido a garantizar el buen uso de los bienes de las personas jurídicas públicas en la Iglesia »[9].

Es praxis del Dicasterio adecuarse para cada Región a la cantidad máxima fijada por las Conferencias Episcopales.

58. Capítulo general

En la vida consagrada el gobierno de la economía es conforme al carisma, a la misión y al consejo de pobreza. Las decisiones de gestión para garantizar tales dimensiones deben asegurar formas apropiadas de comu-

[9] Cf. PONTIFICIO CONSEJO DE LOS TEXTOS LEGISLATIVOS, Nota, *La función de la autoridad eclesiástica sobre bienes eclesiásticos* (12 de febrero de 2004), en *Communicationes* 36 (2004), 24-32.

nión, evitando delegar las opciones económicas solo a un grupo o a una sola persona.

Compete al *Capítulo general*, que « ostenta la suprema autoridad en el instituto de acuerdo con las constituciones» (can. 631 § 1), fijar las orientaciones fundamentales en materia económico-administrativa y elaborar un *plan carismático* de Instituto que ofrezca indicaciones también en este ámbito.

El *plan carismático* concebido dentro de un itinerario de comunión eclesial que discierne la voluntad de Dios, debe ser fruto de una visión compartida, expresión de un camino sinodal a partir de la fase pre-capitular hasta su cumplimiento con la comprobación de la recepción de los contenidos capitulares.

Las decisiones operativas sobre los bienes y las obras las tomará el Superior general con su Consejo dentro de un marco de referencia compartido y de manera razonable, fuera de una lógica de premura.

El Capítulo general predisponga y apruebe un *directorio económico* o un texto análogo que, incluso a la luz de la experiencia madurada con el tiempo, favorezca la actuación de medidas que sean lo más posible conformes al carisma del Instituto, a su misión y al consejo de pobreza.

El Capítulo general establezca la cantidad máxima para los actos de administración extraordinaria de cada Provincia.

El derecho propio del Instituto identificará los actos de administración extraordinaria y los trámites necesarios para realizarlos (cf. can. 638 § 1 y can. 1281).

59. Superior y Consejo

En ámbito económico-administrativo, el Superior se vale del propio Consejo, según el derecho universal y propio (cf. cánones 627 y 638 § 1), en el ámbito de las directrices fundamentales establecidas por el Capítulo general, con referencia particular a los actos de administración extraordinaria.

60. El Capítulo provincial y el Superior provincial

El *Capítulo provincial*, si se celebra, a la luz del *plan carismático* del Instituto aprobado por el Capítulo general, redacte el plan para la circunscripción.

Según las normas establecidas por el derecho universal y por el propio, el Superior provincial, con el consentimiento de su Consejo, exponga los actos que requieran aprobación, al Superior general con su Consejo.

Comunicará a tiempo y con la máxima diligencia la aparición de apectos críticos al Superior general, que debe ser informado en virtud de la potestad sobre todo el Instituto, según lo dispuesto en el can. 622.

61. Consulta para los asuntos económicos

El derecho propio, en virtud del can. 1280, para el Instituto y para las Provincias, prevea una Consulta, o denominación análoga, para los asuntos económicos.

La composición de tal organismo puede estar abierta a la colaboración de laicos y laicas con específica profesionalidad. El Superior competente, para autorizar los actos de administración extraordinaria, además del consentimiento de su Consejo (cf. can. 627 § 1), solicite también el parecer opinión (cf. can. 127 § 2, 2º) del órgano de consulta para los asuntos económicos.

62. Reglamento administrativo

El Superior competente, junto con su Consejo, puede adoptar, si así lo considera oportuno, un *reglamento administrativo*, sobre todo en los Institutos que gestionan obras de relevancia social, que ofrezca indicaciones operativas en el marco del *plan carismático* y del *directorio económico.*

El *reglamento administrativo* ordene, entre otros aspectos, los contenidos, las modalidades y los plazos en los que los Superiores competentes tienen que ser informados, así como las actividades sobre las cuales deben recibir informes; esto vale tanto para las actividades internas del Instituto como para las obras y entes civiles relacionadas con él. Se asegure, por último, que aquellos que ocupan cargos institucionales de actividades de supervisión, informen periódicamente al Superior competente sobre el resultado de sus acciones.

Para que pueda tener un efecto real, el *reglamento administrativo* sea conocido dentro del Instituto y sea objeto de periódica revisión con un procedimiento que se definirá en el momento de su adopción.

63. Las comisiones

Sea reglamentada en el ámbito del derecho propio la posibilidad de instituir Comisiones o grupos de trabajo sobre cuestiones específicas o hechos de naturaleza jurídico-económica. Sea definido, asimismo, el objetivo del mandato, la duración del encargo, el nombramiento de los miembros. Cuando se considere oportuno se prevea la participación de laicos y laicas profesionalmente cualificados.

64. El ecónomo

Corresponde al derecho propio la opción entre elección y nombramiento para la designación del ecónomo. No obstante, en ambos casos, debe recordarse la creciente importancia de una profesionalidad apropiada, conforme a la identidad propia de cada Instituto (cf. can. 587 § 1), la predisposición a la colaboración, las aptitudes inherentes al propio cargo (cf. can. 636 § 1) y el desprendimiento de los bienes.

En analogía con la normativa canónica sobre el mandato de los Superiores (can. 624 §§ 1 y 2), el derecho propio ha de prever un límite de duración del mandato de los ecónomos y una alternancia correcta, predisponiendo oportunos cursos de formación y períodos de asistencia complementaria.

Le corresponde al derecho propio establecer si el ecónomo puede ser también consejero. Es oportuno que el ecónomo participe en las reuniones del Consejo del Superior en materia económica y, aunque no posea el derecho a voto en caso de no ser consejero, proporcione al Superior y a su Consejo los elementos necesarios para la toma de una decisión ponderada.

El ecónomo es miembro *ex officio* del órgano de Consulta para los asuntos económicos según lo dispuesto en el § 61.

El derecho propio ha de prever la obligación de rendición de cuentas por parte del ecónomo (cf. cánones 636 § 2 y 1284 § 3) según procedimientos identificados y evaluados de forma periódica por el Superior con su Consejo.

Se recomiendan *formas eficaces de coordinación* entre el ecónomo general, los ecónomos provinciales y los responsables de las obras.

65. Representante legal

El Instituto, como persona jurídica, interactúa con terceros a través de su representante legal (cf. can. 118), tanto en ámbito canónico como civil.

Dicha figura, al llevar a cabo actos en nombre y representación del propio Instituto, ejecuta su voluntad, expresada mediante los legítimos superiores y organismos competentes, a tenor del derecho universal y propio, y vincula al Instituto ante terceros. Por esa razón, si se retiene oportuno, el representante legal, cuando no sea Consejero, puede participar en las reuniones del Consejo del Superior en las que se toman decisiones de relevancia civil.

El representante legal actúa siempre y únicamente en los límites de su mandato: puede ejecutar los actos de administración ordinaria y para los actos de administración extraordinaria necesita la autorización del Superior competente. Sin embargo, cuando actuare sin mandato, en contra o sobrepasándolo, deja de representar al Instituto.

Si el representante legal actúa inválidamente, el Instituto no tiene responsabilidad alguna, los actos ejecutados por el representante legal le son imputables a él únicamente y es él quien debe responder de ellos. Si actúa de manera ilícita, el acto puede ser imputado al Instituto, que debe responder por él, pero puede hacer valer sus derechos sobre su representante (cf. can. 1281 § 3 y can. 639).

Cada mandato del representante legal sea otorgado siempre por escrito, con un contenido detallado y completo; se mantendrá correctamente registrado.

Por razones de adecuada distinción de las competencias, es preferible que el cargo de representante legal sea asumido por una persona distinta al Superior y al ecónomo, excepto si la legislación civil lo dispone de otra manera.

La configuración organizativa adoptada por el Instituto acerca del ámbito de competencias del representante legal sea conocida también en el exterior, especialmente cuando interactúa con la legislación civil. La identificación precisa de sujetos habilitados a la toma de decisiones y a la representación del Instituto constituye una condición para la instauración de relaciones institucionales con terceros.

66. Colaboración con profesionales externos

La complejidad cada vez mayor de las situaciones económico-administrativas se traduce a menudo en el recurso indispensable a la *colaboración con profesionales externos*. En la elección debe darse prioridad a aquellas personas conscientes de las peculiaridades de los Institutos y que sean expertos en el ámbito de intervención específico, evitando recurrir indistintamente a un solo profesional.

La relación profesional sea dispuesta de modo que se establezcan a priori los objetivos de la actividad, con la correspondiente presentación de presupuestos regulados por contratos claros y con plazos.

Se recomienda evaluar el alcance de los objetivos establecidos, solicitando también a los mismos profesionales informes periódicos sobre la actividad llevada a cabo.

67. Control interno

A través de normas del derecho propio, se establezcan formas de *auditoría interna* que, mediante un sistema equilibrado de autorizaciones preventivas, rendición de cuentas y comprobaciones sucesivas, permitan a los sujetos competentes – y, sobre todo, al Superior y a su Consejo – velar por la actividad del ecónomo, del representante legal y de los profesionales encargados.

Todos aquellos que a título legítimo participan en la administración de los bienes eclesiásticos, han de ejercer sus funciones en nombre de la Iglesia, en virtud del derecho (cf. can. 1282).

68. Poderes de gestión

Se prestará especial atención a la atribución de *poderes de gestión*. Tales poderes sean determinados en el contenido, en los límites – incluidos los temporales – y en las modalidades de su ejercicio. Se evitarán los *poderes generales*: asignar a un determinado sujeto un poder ilimitado para actuar en nombre y a cuenta del Instituto es un enorme riesgo que puede causar comportamientos impropios y resulta contradictorio con las exigencias de la comunión.

La Administración y la gestión del patrimonio

69. Personalidad jurídica civil

Los Institutos de vida consagrada y las Sociedades de vida apostólica procuren, en la medida de lo posible, obtener la personalidad jurídica, también civil, en los Países donde se encuentran.

Los bienes no deberán registrarse a personas físicas a no ser que se trate de situaciones excepcionales, por causas graves y siempre con el permiso del Superior competente. El Superior que ha concedido el permiso deberá velar para que se transfiera la propiedad lo antes posible al Instituto mediante un acto jurídico con validez civil.

En los casos en los que el Instituto deba registrar los bienes a antidades diversas de persona física, el Superior que ha concedido el permiso se encargará de conservar adecuada documentación que certifique la propiedad efectiva, para evitar así la aparición de controversias.

70. Modalidades de adquisición

El trabajo de los miembros – realizado dentro o fuera de las propias obras, según lo estipulado por el derecho propio y con el permiso del Superior competente (cf. can. 671) –, constituye la forma ordinaria de subsistencia.

En virtud del can. 668 § 3 todo lo que un religioso adquiere con su propia capacidad y trabajo o por razón del Instituto, lo adquiere para el Instituto. Lo que perciba de cualquier modo en concepto de pensión, subvención o seguro, lo adquiere para el Instituto, a no ser que establezca otra cosa el derecho propio. Si no consta lo contrario, los donativos hechos a los Superiores o administradores de cualquier persona jurídica eclesiástica, aunque sea privada, se presumen hechos a la persona jurídica (cf. can. 1267 § 1).

El Instituto debe proporcionar a sus miembros, según las Constituciones, todos los medios necesarios para alcanzar el fin de su vocación (cf. can. 670).

El derecho propio establezca los procedimientos para una aceptación válida de las donaciones; se ha de prestar atención a las características y cualidades del sujeto donante, a las fuentes de las que presumiblemente pueden provenir y a la presencia de derechos legítimos de terceros. No se acepten donaciones destinadas a financiar iniciativas que, por sus fines o por los medios para conseguirlas, no correspondan a la doctrina de la Iglesia.

Los Institutos, aunque reconozcan en ellas un don de la Providencia, no acepten donaciones con gastos (cf. can. 1300) sin haber valorado atentamente la licitud de la carga, la capacidad de cumplirlas, la presencia de derechos legítimos de terceros.

71. Compartir los bienes (cf. § 10)

El Instituto establezca normas para distribuir de manera equitativa sus bienes, con espíritu de comunión, siguiendo el ejemplo de las primeras comunidades cristianas (cf. *Hechos* 4,34-35). Así pues, se pondrán en común al servicio de los fines apostólicos no solo los bienes materiales y el fruto del trabajo de cada uno, sino también el tiempo, las cualidades y las capacidades personales, para proveer con generosidad a las necesidades de las comunidades que menos tienen, como profecía de fraternidad en el mundo actual.

72. Patrimonio estable (cf. §§ 38-40)

El derecho propio establezca si la asignación de los bienes del Instituto al patrimonio estable es competencia del Capítulo general o del Superior general con el consentimiento de su Consejo. Asimismo, en lo que respecta a los bienes de una Provincia o de una casa legítimamente constituida, el derecho propio establezca si la asignación corresponde al Capítulo provincial o a otras asambleas semejantes (cf. can. 632), o bien al Superior provincial con el consentimiento de su Consejo, y si ha de ser confirmada por el Superior general.

El patrimonio estable esté formado por los bienes inmuebles y muebles que garantizan la subsistencia al Instituto, a las provincias, a las casas legítimamente constituidas y asegure la realización de la misión.

La asignación de los distintos bienes al patrimonio estable se ha de evaluar periódicamente.

El derecho canónico requiere la legítima asignación, independientemente de la cualificación que el patrimonio estable pueda tener en la normativa civil de los diferentes Países.

Sean claramente definidos los criterios para la gestión del patrimonio estable. El balance del Instituto, de la Provincia y de la casa legitimamente erigida incluya una específica representación tanto en el apartado de patrimonio como en el económico; en una sección propia del informe explicativo se ilustren de forma analítica las variaciones acaecidas, los resultados correspondientes y su destinación.

73. Adquisición de inmuebles

Los institutos valoren con gran atención la oportunidad de adquisición de inmuebles, considerando todos los aspectos relacionados con la decisión que se pretende tomar.

La adquisición se ha de realizar y regularizar conforme exclusivamente a las disposiciones locales en materia civil y fiscal y de manera coherente con el *plan carismático.*

El proceso de la toma de decisiones considere: la aprobación de un plan específico de inversión que especifique los principales factores, como objetivo de la adquisición; la dimensión y la función respecto al fin; la conformidad técnico-urbanística, la posibilidad de una enajenación futura; los recursos financieros necesarios o la manera en la que éstos, total o parcialmente, se adquirirán; la identificación y planificación de las modalidades de devolución de eventuales préstamos contraídos para tal fin; la valoración atenta de las cualidades del vendedor.

74. Nuevas construcciones

El proyecto y construcción de nuevas estructuras se inicien si es necesario, teniendo en cuenta las observaciones mencionadas para las adquisiciones y prestando una atención especial a la fase de análisis y a la formulación de precisas indicaciones a los diseñadores del proyecto.

Lo que se realice tenga características de sobriedad y funcionalidad; sea fácil de gestionar; prevea un nivel de mantenimiento mínimo, tanto en la estructura como en las instalaciones; y que en momentos de dificultad de gestión y de vocaciones pueda cederse fácilmente a terceros o reconvertirse para otros usos.

Se deberá prestar una especial atención a la definición y el control posterior de los procedimientos adecuados para el otorgamiento de encargos y adjudicaciones, así como a la conformidad de lo proyectado y realizado con las disposiciones legislativas locales.

75. Autorizaciones de la Santa Sede para recurrir eventualmente a créditos

Para la adquisición de nuevos bienes, la construcción y la remodelación de inmuebles, el derecho propio establezca el procedimiento para la validez de los actos.

La adquisición, las nuevas construcciones y las remodelaciones, aun tratándose de actos de administración extraordinaria, sea cual sea su importe, no requieren, según el can. 638 § 3, la licencia de la Congregación para los Institutos de vida consagrada y las Sociedades de vida apostólica.

Se requiere la licencia en los casos en los que el Instituto de vida consagrada o la Sociedad de vida apostólica deba recurrir al crédito para financiar la operación y cuando esto supere la suma máxima prevista para cada Región. La documentación que se ha de presentar para iniciar la operación es la misma que para el § 88.

76. Alquiler de inmuebles

En caso de alquiler de bienes de propiedad a terceros y, en general, para todos los contratos onerosos que pongan el bien a disposición de terceros, se verifique con atención la cualidad del arrendatario; se confirme que la finalidad de uso del bien no difiera respecto a la misión del Instituto o sea contraria a la dimensión específica de los bienes temporales de la Iglesia y no modificable en el tiempo, salvo autorización expresa de la propiedad; se compruebe que el inmueble sea compatible con el uso previsto.

Se establezca correctamente el contrato, con atención a las modalidades de formalización del contrato y sus cláusulas. Éstas contemplen y regulen también las modalidades y las condiciones con las que se restituirá el bien al final del contrato. Se valoren las posibles implicaciones que se derivan de él, considerando que los bienes no estarán disponibles para el Instituto mientras perdure el contrato.

77. Disposición de bienes a título gratuito

Para los contratos en los que se dispone del bien a título gratuito, es válido en general todo lo especificado para el alquiler. Se preste atención a las cargas y costes que permanecen a cargo de la propiedad y se tenga en cuenta la posible exigencia de trabajos de restructuración o de mantenimiento extraordinario.

78. Autorizaciones de la Santa Sede para alquileres, comodatos y otros contratos similares

Para estipular contratos de alquiler, comodato, concesión del derecho de superficie, uso, vivienda, constitución del derecho de usufructo, si el bien en cuestión supera la suma máxima fijada para cada Región y el contrato tiene una duración de más de nueve años, se requiere la autorización de la Congregación para los Institutos de vida consagrada y las Sociedades de vida apostólica.

La instancia, presentada por el Superior general con el consentimiento de su Consejo, debe indicar los motivos de la solicitud y adjuntar el borrador del contrato.

79. Valoración del patrimonio inmobiliario

Estando vigentes las normas canónicas sobre autorizaciones (cf. can. 638 §§ 3 y 4), los Institutos de vida consagrada y las Sociedades de vida apostólica lleven a cabo una profunda reflexión sobre el modo de poner en valor el patrimonio inmobiliario que sea compatible con la naturaleza de bien eclesiástico, sobre todo cuando queda total o parcialmente inutilizado, para poder evitar costes potencialmente no sostenibles.

80. Enajenación de inmuebles

La enajenación de inmuebles se realice de modo coherente con el *plan carismático* de Instituto (cf. § 58). El derecho propio establezca el procedimiento para realizar válidamente los actos de venta, permuta y donación de bienes inmuebles en el respeto de la legislación canónica y civil. Se favorezca el recurso a procedimientos que privilegien, cuando fuere posible, la presentación de varias ofertas.

Se recomienda valorar de manera prioritaria, sobre todo cuando las condiciones del Instituto lo permitan, la posibilidad de una cesión a otras entidades eclesiales, evitando en cualquier caso enajenaciones que perjudiquen el bien común de la Iglesia.

Antes de poner en marcha negociaciones, se pida a una fuente independiente y competente la estimación del valor de mercado del bien inmueble objeto del acto, y se verifique atentamente la plena y libre disponibilidad del bien, la presencia de prelaciones, la existencia de documentación que demuestre el título de su adquisición y la conformidad del bien a las disposiciones urbanísticas vigentes. Se tengan en cuenta los efectos fiscales.

En la selección y elección de la contraparte, sea considerada su reputación y – en caso de pago a plazos – se adquieran las garantías pertinentes, preferiblemente de origen bancario o de seguros.

Cuando se atribuyen encargos o mandatos de venta, que se han de realizar por escrito, se preste especial atención a todas las cláusulas para que no falte, sobre todo, el detalle de las condiciones que subyacen a la operación y las comisiones que le corresponderán al intermediario. Si es posible, se ha de evitar el otorgamiento de mandatos en exclusiva.

Se han de rechazar las propuestas que, por las características del licitador, las modalidades previstas para la realización de la operación, los medios de pagos asumidos no resulten coherentes con los valores propios de los Institutos.

En virtud del can. 1298, salvo que se trate de un asunto de ínfima importancia, los bienes eclesiásticos no deben ser vendidos o alquilados a los administradores propios ni a sus familiares, hasta cuarto grado de consanguinidad o de afinidad, sin un permiso especial escrito del Superior competente.

81. Autorización de la Santa Sede para la venta o la donación de inmuebles

Si el valor del bien supera la suma máxima fijada para cada Región, en virtud del can. 638 § 3, es necesario solicitar la autorización de la Congregación para los Institutos de vida consagrada y las Sociedades de vida apostólica.

Todas las enajenaciones que superen la cifra máxima, en virtud del can. 638 § 3, estan sujetas *ad validitatem* a la autorización de la Congregación para los Institutos de vida consagrada y las Sociedades de vida apostólica, independientemente del hecho que los bienes estén adscritos o no al patrimonio estable.

La solicitud de autorización es presentada por el Superior general con el consentimiento de su Consejo; exprese la causa justa (cf. can. 1293 § 1); defina las modalidades en las que se utilizará la suma cobrada (cf. can. 1294 § 2); adjunte una documentación pericial, jurada si es posible (cf. can. 1293 § 1, 2º) y, para los Institutos de derecho pontificio, el parecer del Ordinario del lugar donde está ubicado el inmueble, para los Institutos de derecho diocesano y los monasterios *sui iuris*, el consentimiento del Ordinario del lugar en que está ubicado el inmueble (cf. can. 615).

Si los bienes objeto de la enajenación son divisibles, para la validez del permiso, se indicarán en la solicitud las partes eventualmente ya enajenadas (cf. can. 1292 § 3).

El permiso es necesario asimismo para la venta de varios objetos cuyo valor total supere la suma máxima (cf. can. 1292 § 2).

Dichas normas se aplican a la venta de bienes inmuebles, a contratos de permuta de bienes, a donaciones, aunque se ejecuten con otras personas jurídicas públicas, siempre y cuando su valor supere la suma máxima.

La Congregación para los Institutos de vida consagrada y las Sociedades de vida apostólica no autoriza las ventas cuyo fin sea cubrir las necesidades financieras inmediatas sin evaluar previamente las causas de tales exigencias.

Cuando las enajenaciones sean indispensables para pagar deudas que el Instituto haya contraído en el desarrollo de las obras apostólicas propias, es necesario en la tramitación de la documentación se presente el plan de saneamiento económico-financiero.

La Congregación para los Institutos de vida consagrada y las Sociedades de vida apostólica, en virtud del can. 1293 § 2, podrá solicitar la toma de otras medidas cautelares para evitar daños a la Iglesia.

Para la enajenación de inmuebles situados en la ciudad de Roma, antes de dar la autorización, la Congregación para los Institutos de vida consagrada y las Sociedades de vida apostólica comunica la petición a la Secretaría de Estado y a la Administración del Patrimonio de la Sede Apostólica, para comprobar su posible interés.

Para la autorización de la enajenación de bienes situados en Malta se aplican las normas establecidas por el *Statutum* del 6 de julio de 1988.

Para los bienes inmuebles situados en Oriente Medio, la competencia corresponde a la Congregación para las Iglesias Orientales.

82. Autorización de la Santa Sede para objetos preciosos de valor artístico o histórico y donaciones votivas

Para la enajenación de objetos preciosos por su valor artístico o histórico se requiere el permiso aunque el importe no supere la suma máxima. En los casos en los que se requiera la comprobación de dichos bienes, se ha seguir lo dispuesto por la normativa civil en la materia.

Están sujetas al mismo procedimiento las enajenaciones de donaciones votivas a la Iglesia. Es absolutamente ilícito vender las reliquias sagradas (cf. can. 1190 § 1).

Los objetos sagrados que pertenecen a una persona jurídica eclesiástica pública pueden ser adquiridos únicamente por otra persona jurídica eclesiástica pública (cf. can. 1269).

83. Enajenaciones sin el permiso necesario

En virtud del can. 1296, cuando los bienes eclesiásticos fueren enajenados sin respetar las normas canónicas pero la enajenación resulte válida en el ámbito civil, el Superior competente deberá establecer si se puede incoar una acción oportuna para reivindicar los derechos de la Iglesia.

En virtud del can. 1377, es sancionado con justa pena, quien enajena bienes eclesiásticos sin la debida licencia.

84. Inversiones financieras

En el uso y en la gestión de los recursos financieros que no sean inmediatamente necesarios para la actividad de Instituto (llamados *inversiones financieras*), se ha de ser consciente de la complejidad técnica de los procedimientos de mercado y se han de respetar los criterios adecuados de prudencia en la selección de los productos financieros disponibles. Se verifique la legalidad del procedimiento y los aspectos éticos de la inversión, prestando especial atención a la finalidad institucional del Instituto y a las necesidades de seguridad social de sus miembros.

Debido a la complejidad técnica de las decisiones correspondientes, son válidas igualmente las indicaciones precedentes acerca de las decisiones económicas y la elección de los profesionales.

85. Obras (cf. § 34)

Se recomienda valorar la posibilidad de que las obras de grandes dimensiones se mantengan separadas del Instituto de vida consagrada o de la Sociedad de vida apostólica, sin perjuicio de lo establecido en el derecho universal y propio. Las soluciones se determinarán en base a las circunstancias específicas, asegurando la fidelidad de la obra al carisma del Instituto y la conformidad con el régimen aplicable a las relaciones entre el Estado y la Iglesia.

Una atención particular se ha de prestar a las obras de importancia evangélica que estén caracterizadas, debido al cambio del contexto y de las condiciones generales, por un desequilibrio económico estructural. Los Institutos han de valorar soluciones que impidan tendencias económicas negativas que pudieren dificultar el fin correspondiente a la misión de la Iglesia (cf. can. 114 § 1).

Existen otras obras en las que se identifica un desequilibrio económico, a menudo fisiológico. El Instituto promotor evalúe de forma realista el nivel de compatibilidad con los recursos disponibles o con los que destina a la obra, tomando con diligencia las decisiones necesarias.

Ante dificultades económicas o de gestión, cabe verificar la posibilidad de llevar a cabo formas de colaboración con otros Institutos o de transformar la propia obra para que ésta siga siendo, aunque de manera distinta, obra de la Iglesia.

Razones de prudencia sugieren tomar decisiones sin dilación, con el objetivo de evitar la consolidación de tendencias económicas negativas o, incluso, la necesidad imperiosa de proceder al cierre de la obra.

Si la gestión pasa a ser demasiado compleja u onerosa, deberá darse preferencia a las posiciones que permitan mantener la propiedad de los bienes y el control de la obra a cargo del Instituto, aunque fuere confianda a terceros la gestión de las operaciones, según modos capaces de respetar el carisma y continuar con la misión del Instituto.

86. Autorizaciones de la Santa Sede para la cesión de obras

Para las enajenaciones de obras cuyo valor supere la suma máxima fijada para cada Región, se ha de obtener el permiso de la Congregación para los Institutos de vida consagrada y Sociedades de vida apostólica.

El proceso seguirá los mismos procedimientos previstos para las enajenaciones de inmuebles (cf. § 81).

Para la cesión o la reorganización de obras sanitarias o socio-sanitarias presentes en territorio italiano, la Congregación para los Institutos de vida consagrada y las Sociedades de vida apostólica transmite la solicitud a la *Pon-*

tificia Comisión para las actividades del Sector Sanitario de las personas jurídicas públicas de la Iglesia, de la cual recibirá el posible consentimiento.

87. Uso de crédito

El derecho propio establezca las modalidades para contraer de manera válida préstamos, deudas, hipotecas o créditos.

Los Superiores competentes, en virtud del can. 639 § 5, deberán abstenerse de autorizar a contraer deudas a no ser que sea sabido con certeza que el interés de la deuda se podrá abonar con las rentas ordinarias y que toda la suma se podrá devolver en un período no demasiado largo con una amortización legítima.

El respeto riguroso de esta disposición, sobre todo ante la presencia de obras relevantes insertadas en ámbitos jurídicos no homogéneos, depende también de la adopción y de la puesta en marcha de posiciones organizativas adecuadas, de procedimientos e instrumentos de detección contable eficaces, de modalidades estrictas de informes de gestión y de órganos adecuados e instrumentos de control.

Corresponde al Superior con su Consejo valorar si la solicitud de recurrir al crédito, transmitida para su aprobación, resulta correctamente formulada y si están presentes todos los elementos necesarios para una decisión consciente. Deberá considerar así pues el carácter razonable de las previsiones en las que se basan las perspectivas de los ingresos para su liquidación, en relación también con la cantidad de una eventual deuda preexistente.

Cuando sea necesario emitir una garantía para obtener la financiación, deberá evaluarse atentamente la conformidad y considerar las modalidades técnicas de su emisión, así como las posibles implicaciones. El proceso de evaluación deberá ser especialmente minucioso cuando la garantía sea solicitada por un sujeto jurídicamente distinto, aunque relacionado o participado.

El Superior con su consejo exija el análisis periódico de la situación financiera total, teniendo en cuenta su sostenibilidad real y, en aquellos casos en los que la cantidad, la composición o la evolución previsible muestren una situación crítica, evalúe y asuma los procedimientos necesarios con la máxima diligencia.

Se han de considerar, cuando existan, eventuales riesgos relacionados con posibles oscilaciones en las divisas.

En virtud del can. 639 § 1, la persona jurídica que ha contraído deudas y obligaciones, aunque sea con el permiso de los Superiores, debe responder de las mismas. Si un religioso con permiso del Superior ha contraído deudas y obligaciones por bienes propios, responde personalmente; si ha sido por mandato del Superior para cerrar asuntos del Instituto, es el Instituto el que responde (cf. can. 639 § 2). Si el religioso contrae deudas sin ningún permiso del Superior, será él mismo, y no la persona jurídica, quien deba responder (cf. can. 639 § 3).

88. Autorización de la Santa Sede para las financiaciones

Cuando el importe de la operación financiera supere la suma máxima fijada para cada Región, para la validez del acto es necesario el permiso de la Congregación para los Institutos de vida consagrada y las Sociedades de vida apostólica.

El Superior general tramita la solicitud tras haber obtenido el consentimiento de su Consejo, indicando los motivos y presentando la situación de la deuda completa del Instituto y el plan de amortización.

Si la financiación estuviese ligada a situaciones de crisis de las obras, la Congregación para los Institutos de vida consagrada y las Sociedades de vida apostólica no concederá la autorización sin haber valorado en profundidad las razones que causan las dificultades económicas.

Si los importes fueran considerables y no existiesen certificados de balances, el Dicasterio podría no conceder autorizaciones para procedimientos de financiación.

89. Entes civiles asociados

Las características específicas en las relaciones entre Estado e Iglesia en cada País y las decisiones de organización concretas de cada Instituto suponen con frecuencia la presencia de *entes civiles asociados a la persona jurídica canónica.*

El derecho propio establezca las modalidades para constituir entes civiles asociados al Instituto y para transferir bienes a éstos.

Aunque se trate de sujetos jurídicos distintos, la asociación de dichos entes a los Institutos justifica una atención especial en su constitución y en su gestión, ya que la actividad de dichos entes podría poner en riesgo la buena reputación del Instituto y dar lugar, en el caso de que las leyes civiles vigentes así lo estipulasen, a una responsabilidad del

Instituto con relación a las deudas del ente asociado.

Según lo estipulado por la normativa canónica, es necesario que el gobierno de los entes civiles asociados se ejerza de manera conforme al carisma de los Institutos de vida consagrada y de las Sociedades de vida apostólica. Para ello existen numerosas modalidades, por ejemplo: la previsión en los estatutos de los entes civiles asociados de objetivos análogos a los de los Institutos de vida consagrada y de las Sociedades de vida apostólica; la atribución a los órganos de gobierno de los Institutos y de las Sociedades del poder de nombrar a los responsables y de aprobar los actos de administración extraordinaria de los entes civiles asociados; la previsión de la obligación de rendir cuentas a los Institutos por los responsables de estos entes; la introducción en los estatutos de dichos entes de una cláusula que disponga, en caso de disolución, se devolverá el patrimonio restante al Instituto de vida consagrada o a la Sociedad de vida apostólica, a otro ente civil asociado o a otro Instituto o Sociedad con características similares. En ningún caso el recurso a entes civiles, sea cual sea la manera en la que se realice, puede usarse para eludir los controles canónicos.

90. Autorización de la Santa Sede para la transferencia de bienes a entes civiles

Cuando el valor del bien por transferir al ente civil, aunque esté asociado al Instituto, supere la suma máxima establecida para cada Región, será necesario el permiso de la Congregación para los Institutos de vida consagrada y las Sociedades de vida apostólica. Para tramitar la documentación, se siga el procedimiento especificado para los inmuebles, en el § 81 del presente documento, y para las obras en el § 86.

91. El deber de rendir cuentas (cf. §§ 41-43)

El deber general de rendir cuentas, previsto por la normativa canónica (cf. can. 636 § 2), favorece una gestión ordenada y asegura la sostenibilidad de los Institutos de vida consagrada y de las Sociedades de vida apostólica.

Todas las indicaciones en lo relacionado con la rendición de cuentas y los balances deberán regirse por el principio de *proporcionalidad.* Para esto, deberá considerar operativamente, en primer lugar, al destinatario, con su propia naturaleza, sus dimensiones, su actividad específica y el entorno histórico y social en el que actúa.

El deber de rendir cuentas exige pues la necesidad de una *contabilidad escrita* proporcional a la envergadura y a las características de organización de cada Instituto, que permita en cualquier caso identificar, con la ayuda de sistemas de información, los datos patrimoniales, económicos y financieros correspondientes a las comunidades y a las obras. En este marco, el *balance de ejercicio* representa el instrumento idóneo para llevar a cabo decisiones conscientes que incrementen la transparencia en la gestión y, a la vez, la credibilidad del Instituto en su propio contexto de referencia.

Para los Institutos que operen en varios Países, se aconseja adoptar modalidades contables adecuadas para permitir la comparación y, si fuera necesario, la agregación de datos.

Para las obras se requiere una contabilidad por separado y, en caso de obras de una envergadura considerable, se aconseja encarecidamente someter los balances a una *auditoría contable*. Ante obras con un valor social particular, la redacción de un *balance social* puede contribuir a una mayor concienciación sobre los resultados de la actividad, así como a la transparencia de cara a las relaciones institucionales y en la recaudación de fondos.

En lo que respecta a las obras, resulta oportuno, para asegurar un uso eficaz de los recursos disponibles, recurrir a instrumentos adecuados de definición de objetivos a medio-largo plazo (*planificación estratégica*); de programación económico-financiera (*presupuesto*) y de evaluación continua del cumplimiento de los objetivos previstos (*control de gestión*), identificando sujetos competentes y procedimientos de ejecución proporcionales a la envergadura y a las características específicas de las actividades.

92. La aplicación de las leyes civiles

En todo caso, es necesario respetar las leyes civiles. Deberá prestarse especial atención a las relaciones laborales, respetando meticulosamente las leyes laborales y de vida social, según los principios de la doctrina social de la Iglesia. Los trabajadores a cargo sean retribuidos con justicia y honestidad, de modo que les permita cubrir correctamente sus necesidades y las de sus familiares (cf. can. 1286).

Deberá prestarse además atención a los acreedores, a las obligaciones tributarias y de prestaciones sociales y a la prevención de infracciones penales.

93. Archivo (cf. § 44)

En virtud de los cánones 1283 y 1284, en todos los Institutos han de existir un archivo económico-administrativo para asegurar una organización administrativa y contable eficaz. Se cuidará con diligencia la redacción y la actualización permanente del inventario de bienes y de los valores recibidos en depósito, además de una catalogación y conservación minuciosa de las escrituras contables y de las pólizas de seguros.

Las relaciones en la Iglesia

94. Relaciones con la Iglesia local (cf. §§ 28-30)

Los Superiores mayores hagan partícipe a la Iglesia local de los proyectos del Instituto así como de las dificultades de gestión. De esta forma, antes del cierre de una comunidad o de una obra, para lo que se requiere la consulta previa con el Obispo diocesano (cf. cánones 612 y 678 § 3), se evalúe la posibilidad de concretar soluciones alternativas.

Antes de presentar a la Congregación para los Institutos de vida consagrada y las Sociedades de vida apostólica la solicitud de autorización de enajenación de inmuebles y cesión de obras, deberán pedir el parecer escrito del Ordinario del lugar donde el inmueble está ubicado.

En virtud del can. 638 § 4, los Institutos de derecho diocesano y los monasterios *sui iuris* (cf. can. 615), pidan para los mismos asuntos, el consentimiento escrito del Ordinario del lugar.

Según las disposiciones del can. 615, los monasterios *sui iuris* una vez al año deberán rendir cuentas de su administración al Ordinario del lugar, que tiene derecho a conocer el desarrollo de los asuntos económicos de una casa religiosa de derecho diocesano (cf. can. 637).

Numerosas consagradas se dedican a tiempo pleno a la pastoral diocesana o a tareas y labores relacionadas con ella; esta *ministerialidad femenina* se presenta con su propia experiencia y competencia y con reconocida profesionalidad. Corresponde a las Superioras mayores, en analogía con las disposiciones del can. 681 § 2, proceder por medio de acuerdos con las respectivas Iglesias locales y definir con exactitud lo referente al servicio de la consagrada y los aspectos económicos.

95. Colaboración entre Institutos (cf. §§ 31-33)

Para favorecer la colaboración entre Institutos se promuevan reuniones periódicas entre los ecónomos generales, sobre todo cuando existan afinidad de carismas y obras; se favorezcan momentos juntos de formación y de estudio con docentes y expertos en ámbitos relacionados con la operatividad de los Institutos; se realicen formas de colaboración para la organización y la gestión de los necesarios servicios administrativos y contables; se desarrollen formas concretas de solidaridad responsable, también mediante la institución de fondos en beneficio de los Institutos con mayores dificultades.

Además de fomentar la colaboración y el diálogo, las Conferencias de los Superiores mayores ayuden a comprender los cambios socio-políticos y legislativos en curso para que los Institutos puedan tomar decisiones más eficaces. Se prevean, allí donde es posible, comisiones formadas por consagrados, consagradas y laicos expertos en materia económica, a quienes los Institutos puedan recurrir para confrontar sus experiencias y, sobre todo, pedir consejo, apoyo, buenas prácticas y acompañamiento cuando los Institutos son de modestas dimensiones y tienen escasos recursos.

96. Relaciones con la Congregación para los Institutos de vida consagrada y las Sociedades de vida apostólica

Los momentos de profundización propuestos, los encuentros en el Dicasterio, junto con el *Informe periódico sobre el estado y la vida de los Institutos de vida consagrada y las Sociedades de vida apostólica* (cf. can. 592 § 1), son medios eficaces para responder a la exigencia de conocimiento recíproco, que nace de la necesaria comunión de los Institutos de vida consagrada y las Sociedades de vida apostólica con la Santa Sede.

En el *informe periódico* se preste una particular atención a las indicaciones de esta Congregación[10] acerca de la condición económica de los Institutos de vida consagrada y las Sociedades de vida apostólica y a sus previsibles evoluciones, para poder disponer de una oportuna base de conocimientos, con vistas también a una interlocución diplomática con los Estados.

[10] Congregación para los Institutos de vida consagrada y las Sociedades de vida apostólica, *Líneas orientativas para la redacción del informe periódico sobre el estado y la vida de los Institutos de vida consagrada y de las Sociedades de vida apostólica* (cf. CIC can. 592 § 1), Adjunto al Prot. n. SpR 640/2008.

Es deseable una consideración más madura de la disciplina de las licencias (cf. can. 638 § 3), sobre todo en caso de enajenación de bienes o de otros actos que puedan perjudicar la situación patrimonial del Instituto. En particular cuando los actos se refieren a las necesidades de seguros y al sustento de los miembros del Instituto, o cuando forman parte de una estratégia de mantenimiento, de cesión de obras, o de un procedimiento concursal para la gestión de las relaciones con los acreedores.

La petición del permiso sea también ocasión para un diálogo sincero que, sin perjudicar la legítima autonomía de los Institutos, salvaguarde el respeto de la naturaleza eclesiástica de los bienes y la dinámica comunional de la Iglesia.

En presencia de relevantes problemas económicos este Dicasterio puede intervenir directamente en la vida de los Institutos de vida consagrada y de las Sociedades de vida apostólica mediante el envío de Visitadores apostólicos o Comisarios pontificios. Estas ocasiones se vivan como signo de la solicitud de la Santa Sede, a la que se le confía el cuidado, la promoción y vigilancia de los Institutos.

97. Formación para la dimensión económica (cf. §§ 18-19)

Corresponde de manera específica a los Superiores impulsar o potenciar los itinerarios formativos para la *dimensión económica*, tanto en una vasta perspectiva en materia de Doctrina Social de la Iglesia, como prestando específica atención a problemáticas económico-administrativas.

Con vistas a la formación para la dimensión económica reviste un significado particular el presupuesto, éste no hay que entender únicamente en sus imprescindibles aspectos técnicos, sino que hay que entenderlo como un medio para crecer en comunión, corresponsabilidad y en capacidad de planificar la vida y el desarrollo de las obras y en coherencia con la misión y el *plan carismático* general y/o provincial.

En el respeto de la legítima autonomía de los Institutos, sobre todo en presencia de situaciones complejas de gestión, es necesario buscar formas adecuadas de formación permanente, en conexión con Universidades católicas u otras instituciones que sepan enlazar competencia técnica con lo específico de la vida consagrada.

Se debe cuidar atentamente la *formación de los ecónomos* y de los demás miembros del

Instituto que tengan encargos de responsabilidad en materia económica.

Los Superiores adquieran los elementos necesarios para evaluar las temáticas que se someten a su atención.

No se descuide la *formación de los laicos* llamados a colaborar con los Institutos, para que su aportación sea asegurar conforme al carisma y se ponga al servicio integral de la misión. Al lado de propuestas dirigidas a salvaguardar y perfeccionar la necesaria competencia profesional se debe dar a los laicos involucrados en las obras del Instituto la posibilidad de acceder a una formación global, específica, orgánica y permanente.

CONCLUSIÓN

98. Las personas consagradas están llamadas a ser *buenos administradores de la multiforme gracia de Dios* (*1P* 4,10), administradores *prudentes y fieles* (*Lc* 12,42), con la tarea de cuidar con diligencia aquello que se les ha confiado.

«Somos destinatarios de los talentos de Dios, *cada cual según su capacidad* (*Mt* 25,15). En primer lugar, debemos reconocer que tenemos talentos, somos "talentosos" a los ojos de Dios. Por eso nadie puede considerarse inútil, ninguno puede creerse tan pobre que no pueda dar algo a los demás. Hemos sido elegidos y bendecidos por Dios, que desea colmarnos de sus dones, mucho más de lo que un papá o una mamá quieren para sus hijos. Y Dios, para el que ningún hijo puede ser descartado, confía a cada uno una misión»[1].

[1] FRANCISCO, *Homilía* con ocasión de la I Jornada mundial de los pobres, Roma (19 de noviembre de 2017).

La primacía corresponde al don de la llamada a ser « memoria viviente del modo de existir y de actuar de Jesús como Verbo encarnado ante el Padre y ante los hermanos »[2].

El mundo necesita cada vez más a personas que por gracia de Dios se entregan totalmente, « hombres y mujeres capaces de aceptar la incógnita de la pobreza, de ser atraídos por la sencillez y la humildad, amantes de la paz, libres de compromisos, espontáneos y tenaces, dulces y fuertes en la certeza de la fe »[3].

Los consagrados y las consagradas, abrazando el consejo evangélico de la pobreza, son *memoria viviente* de Cristo pobre para los pobres. Mientras testimonian con la vida el haber encontrado la perla preciosa (*Mt* 13,45-46), eligen compartir la suerte de los pobres, porque « la pobreza evangélica es un valor en sí misma, en cuanto evoca la primera de las Bienaventuranzas en la imitación de Cristo pobre »[4].

[2] JUAN PABLO II, Ex. Ap. post-sinodal *Vita consecrata* (25 de marzo de 1996), 22.

[3] PABLO VI, Ex. Ap. *Evangelica testificatio* (29 de junio de 1971), 31.

[4] JUAN PABLO II, Ex apost. post-sinodal *Vita consecrata* (25 de marzo de 1996), 90.

99. Los pobres nos impulsan a opciones concretas, a asumir, también en los signos exteriores, una vida coherente, sencilla y sobria. Llamados a seguir a Cristo pobre habrá que buscar nuevas formas para expresar el gozo del Evangelio, por medio de un testimonio más claro de pobreza personal y comunitaria.

Hoy también el Señor sigue multiplicando para nosotros los cinco panes y los dos peces (*Jn* 6,9), desde los dones que tantos hermanos ponen en nuestras manos para dar de comer a los numerosos necesitados. Vivir de la Providencia es saber acoger aquello que Dios nos da para nuestra vida y abrir las manos para devolverlo a los pobres.

Los bienes y las obras nos han sido confiados como don de Dios providente, para realizar la misión. Su buena gestión, para la que hemos ofrecido algunas indicaciones, permite vivir el consejo evangélico de la pobreza y ser fieles a los carismas recibidos por los Fundadores y las Fundadoras, para ponerlos al servicio de la misión de la Iglesia.

El Magisterio del papa Francisco insiste a menudo en sus intervenciones que habría que hablar menos de pobreza y más de los pobres. Los pobres son, pues, el principio que incluye a todos y a cada uno, que marca los caminos de la misión; en la tensión por el Reino la Iglesia se realiza a sí misma y en ella la vida consagrada se hace fecunda.

« No olvidemos que para los discípulos de Cristo, la pobreza es ante todo *vocación para seguir a Jesús pobre.* Es un caminar detrás de él y con él, un camino que lleva a la felicidad del reino de los cielos (cf. *Mt* 5,3; *Lc* 6,20). La pobreza significa un corazón humilde que sabe aceptar la propia condición de criatura limitada y pecadora para superar la tentación de omnipotencia, que nos engaña haciendo que nos creamos inmortales. La pobreza es una actitud del corazón que nos impide considerar el dinero, la carrera, el lujo como objetivo de vida y condición para la felicidad. Es la pobreza, más bien, la que crea las condiciones para que nos hagamos cargo libremente de nuestras responsabilidades personales y sociales, a pesar de nuestras limitaciones, confiando en la cercanía de Dios y sostenidos por su gracia. La pobreza, así entendida, es la medida que permite valorar el uso adecuado de los bienes materiales, y también vivir los vínculos y los afectos de modo generoso y desprendido »[5].

Aprobado por el Santo Padre
en la Audiencia del 12 de diciembre de 2017

Ciudad del Vaticano, 6 de enero de 2018
Solemnidad de la Epifanía del Señor

João Braz Card. de Aviz
Prefecto

✠ José Rodríguez Carballo, O.F.M.
Arzobispo Secretario

[5] FRANCISCO, *Mensaje para la I Jornada Mundial de los pobres*, Roma (13 de junio de 2017), 4.

ÍNDICE

www.ingramcontent.com/pod-product-compliance
Ingram Content Group UK Ltd.
Pitfield, Milton Keynes, MK11 3LW, UK
UKHW041820200726
13854UKWH00001BA/12

9 788826 604909